반응하지 말고 대응하라

위기대응의 정석

예측불허 상황에서 조직을 지키는
4x20 전략

반응하지 말고 대응하라

위×기 대응의 정석

최승호
지 음

예측불허 상황에서 조직을 지키는
4x20 전략

이담북스

사업은 위기와의 싸움이다

기업을 운영하는 것은 마치 끝없는 전쟁을 치르는 것과 같다. 모든 전쟁은 위기를 수반한다. 따라서 기업은 위기를 피할 수 없다. 다만, 그 위기를 어떻게 예방하고 대응하는지에 따라 기업의 운명이 달라질 뿐이다. 작은 불씨를 초기에 진화하지 않으면 큰불로 번질 수 있듯이, 위기도 제때 정확히 대응하지 않으면 더 큰 위기를 초래할 수 있다.

위기는 항상 예측할 수 없는 지점에서 얼굴을 드러낸다. 예상치 못한 위기는 조직의 정상적인 경영활동과 미래계획마저 흔들어 놓는다. 기업이 직면할 수 있는 위기는 수없이 많으며, 그 종류와 형태는 끊임없이 변화한다. 이는 우리가 아무리 철저히 계획을 세우고 준비를 해도, 항상 예상치 못한 돌발 상황이 발생할 수 있음을 의미한다.

따라서, 우리는 위기를 단순히 피할 수 없는 일회성 사건으로 간주해서는 안 된다. 또한, 우리 조직에 위기는 발생하지 않을 것이라는 막연한 기대감을 버려야 한다. 인간이 살아있는 한 질병에서 자유로울 수 없듯이, 기업이 활동하는 한 위기에서 자유로울 수 없다. 따라서 위기를 사업의 일부분으로 받아들여야 한다. 이처럼 '위기를 변수가 아닌 상수로 인식하는 것'이 올바른 위기대응의 첫걸음이다.

기업의 모든 활동은 위기를 예방하기 위한 과정이다. 제품 품질을 관리하고, 고객 신뢰를 쌓으며, 내부 시스템을 강화하는 모든 일이 결국 위기를 예방하기 위한 것이다. 예를 들어, 철저한 품질 관리와 고객 서비스는 제품 결함이나 서비스 실패로 인한 위기를 예방한다. 내부 시스템의 강화는 해킹이나 데이터 유출과 같은 보안 위기를 방지한다.

예방이 최선의 치료라는 말처럼, 일상적인 경영활동 자체가 위기 예방을 위한 노력으로 이어져야 한다. 이는 기업의 모든 구성원이 이해하고 실천해야 할 중요한 부분이다. 즉 위기 예방을 위한 조치가 일상적 기업활동과 별개로 존재하는 것이 아니라, 조직 구성원들이 각자 자신이 맡은 업무에 충실한 것 자체가 위기를 예방하는 가장 좋은 방법이다.

위기가 발생했을 때, 준비된 대응과 준비되지 않은 대응은 그 결과에서 큰 차이를 보인다. 전략적인 위기대응은 상황을 통제하고 최소한의 피해로 마무리할 수 있게 해준다. 이는 조직이 다양한 시나리오를 상정하고 그에 따른 대응책을 미리 마련해 두었음을 의미한다. 이러한 준비는 실제 상황에서 빠르고 정확한 대응을 가능하게 하여 조직 내 혼란을 최소화할 수 있다. 반면에, 준비되지 않은 대응은 단순한 반응에 불과할 뿐이다. 위기에 대응하지 못하고 반응으로 일관하면 혼란을 가중시키고 조직의 피해만 확대시킬 수 있다. 따라서 위기대응의 기본은 오직 철저한 사전 준비뿐이다.

종종 위기대응을 '조직의 책임을 효과적으로 회피하는 것'으로 착각하는 경우가 있다. 실상은 그 반대이다. 위기대응의 핵심은 특정 사건에 대해 조직의 책임 여부를 명확히 하고, 만약 책임이 있다면 성실히 사건을 수습하는 것이다.

이를 위해 위기가 발생했을 때 원인을 명확히 파악하고, 책임 소재를 분명히 해야 한다. 이는 기업 내부의 문제인지 외부의 문제인지, 혹은 특정 부서나 개인의 실수인지 등을 명확히 구분하는 것을 포함한다. 그에 따라 신속하고 정확한 대응을 통해 사건을 수습하는 것이 위기대응의 핵심이다. 조직의 잘못으로 발생한 위기, 즉 조직에게 책임이 있는 사건을 축소하거나 은폐하는 것은 위기대응이 아니라 범죄일 뿐이다.

위기대응의 정석

책임을 명확히 하는 것은 사건의 원인을 정확히 파악하고, 그에 따른 적절한 대응책을 마련하는 데 필수적이다. 또한, 책임 소재를 분명히 함으로써 재발 방지를 위한 교훈을 얻을 수 있다. 이를 통해 기업은 신뢰를 회복하고, 더 나아가 더 강한 조직으로 거듭날 수 있다. 위기 상황에서 책임 있는 태도와 성실한 대응은 기업의 신뢰도를 높이고, 장기적으로 긍정적인 이미지를 구축하는 데 기여한다.

이 책에서 공개하는 '4x20 위기대응 전략'은 이러한 위기 상황에서 기업이 취할 수 있는 최적의 대응 방안을 제시한다. '4x20 위기대응 전략'을 통해 독자들은 위기대응의 본질을 이해하고, 실제로 적용할 수 있는 다양한 전략들을 배우게 될 것이다. 위기는 피할 수 없지만, 그에 대한 준비와 대응은 우리가 선택할 수 있다. 이 책이 여러분의 조직에 든든한 지침서가 되기를 기대한다.

2024년 여름
최승호

우리 모두가 아는 것처럼 위기에 예외는 없다. 위기는 모든 사람, 모든 조직(기업이든, 기관이든, 단체이든)에게 언제든 벌어질 수 있다. 우리가 아무리 주의를 기울인다 해도 위기로부터 100% 안전해질 수는 없다. 또 위기의 모습은 천차만별이다. 어떤 위기도 똑같지 않다. 위기의 유형이 비슷하다고 해도 조직의 위기를 둘러싼 이해관계자들이 다르고 그 이해관계자들 간의 역학 관계가 다르기 때문이다. 또한 위기가 발생한 시점의 정치, 경제, 사회문화적 분위기에 따라 다른 양상으로 전개되는 경우가 많다.

사회의 구성원들 간에 가치 충돌이 많이 일어나고 복잡한 미디어 환경에서 갈등이 증폭되면서 기업은 종종 딜레마의 상황에 처하게 된다. 따라서 위기를 예방하는 방법, 위기 발생 시 대처하는 방법, 사후 관리하는 방법 등은 상황에 따라 달라질 수밖에 없다. 그래서 위기관리는 어렵다. 정말 어렵기 때문에 위기 자체보다 그 대처와 관리를 잘못해서 더 큰 어려움을 맞기도 한다. 위기관리는 매우 전문적인 영역이고 스스로의 힘만으로는 헤쳐 나가기가 어려우며 전문가의 도움과 자문이 필수적인 분야이다.

이번에 최승호 님이 펴낸《위기대응의 정석》은 위기관리 및 대응에 관한 새로운 교과서라고 할 만한 책이다. 특히 각종 위기의 유형과 특징, 그리고 그러한 위기에 대처하는 방법과 전략에 관해 생생한 사례들을 곁들여서 위기를 맞은 기업이나 조직에 현실적이고 실용적인 도움이 되도록 했다. 최승호 님은 현재 플레시먼힐러드의 부대표로 재직 중이며, 평생을 커뮤니케이션 현장에서 일하고, 공부하고, 연구하며 살아온 소통 전문가이다. 그는 특히 고객사에 각종 이슈가 발생했을 때 실질적인 자문과 도움을 제공하여 문제를 해결하도록 지원한, 위기관리 분야에서 대한민국을 대표하는 전문가이기도 하다.

우리는 지금 언제, 어디서, 무슨 일이 벌어질지 모르는, 그야말로 불확실성으로 가득 찬 21세기를 살고 있다. 위기관리는 '강 건너 불'과 같은 특이한 변수가 아니라 일상적인 상수로 받아들이며 살아야 한다. 요즘처럼 복잡하고 빠르게 상황이 전개되는 어려운 시기에 위기 상황에 잘 대응하고 나아가 조직의 새로운 기회로 만들기 위해서는 조직의 리더들이 평소에 리스크를 잘 감지하고 신속하게 대응할 수 있는 역량을 키워둬야 한다.

플레시먼힐러드에서 20년 넘게 고객사의 다양한 위기 상황을 효과적으로 대응하고 해결해 온 경험을 바탕으로, 이 책에서 소개하는 위기대응 전략들이 실제 현장에서 매우 유용하다는 것을 확인했다. 따라서 기업의 CEO부터 모든 부서의 리더들이 꼭 함께 읽어 보기를 권한다. 무엇보다 객관적으로 위기 상황을 판단하고, 그에 적절한 대응 전략을 신속하게 결정하는 데 아주 유익한 길잡이가 될 것이라고 믿는다.

플레시먼힐러드 코리아 대표이사

박영숙

목 차

제 1 장
위기대응 기본흐름

제 2 장
4대 위기상황

제1장

—

위기대응
기본흐름

책임여부에 대한 '1차' 판단

귀사의 고객정보 100만 건이 유출되었다고 가정해 보자. 이 상황에서 "가장 먼저 무엇을 할 것인가?" 아래 예시를 통해 위기대응의 기본흐름을 살펴보자.

위기사건 예시

- 당신은 A증권의 핵심 임원이다.
- 오전 6시, A증권 고객정보 100만 건이 유출되는 사건이 발생했다.
- 오전 7시, 당신은 최고 기술 임원(CTO)의 전화를 받고 이 사실을 알았다.
- 지금까지 확인된 유출정보는 이름, 연락처, 주소 3가지이다.
- 현재 정보유출 원인에 대해 알지 못하는 상황이다

다시 첫 질문으로 돌아가보자. "가장 먼저 무엇을 할 것인가?" 결론부터 말하자면, 가장 먼저 해야 할 일은 조직의 책임여부를 '1차'로 판단해야 한다. 고객 자산을 안전하게 보호해야 할 금융회사에서 고객정보 100만 건이 유출되었다는 것은 상상하기 어려울 만큼 큰 위기 사건이다. 그러나 조금 냉정히 판단해 보면, 아무리 큰 위기라도 사건의 책임이 회사에 없다면, 즉 사건의 책임이 외부에 있다면,

이 사건은 '1차'로 회사도 피해자인 '면책사건'으로 규정할 수 있다. 예를 들어, '외부 해킹에 의한 고객정보 유출'이 이에 해당한다.

여기서 '1차'라는 표현에 주목해야 한다. 위기가 발생했을 때, 사건의 사실관계 혹은 실체적 진실은 즉시 드러나지 않는다. 이는 마치 건물에 불이 나 화염에 휩싸였을 때, 곧바로 화재 원인을 파악하기 어려운 것과 같다. 앞서 살펴본 예시에서도 당신이 사건을 인지할 당시에는 정보 유출 원인에 대해 아무도 알지 못하는 상황을 가정했다. 따라서, '1차' 판단은 언제든지 변경될 수 있음을 염두에 두어야 한다.

그렇다면 위기가 발생했을 때, 사실관계를 명확하게 파악한 후 책임 여부를 판단하는 것이 올바른 방법이 아닐까라는 생각이 들 것이다. 물론 그럴 수 있다면 가장 이상적이고 바람직한 방법이다. 그러나 언론과 대중의 인내심은 그리 길지 않다. 위기로 인한 피해 규모가 클수록, 그리고 사실관계의 모호성이 클수록 사람들은 사건의 책임이 누구에게 있는지에 집중한다. 이 때문에 정확한 사실관계가 정리되기도 전에 각종 루머와 추측성 기사, 선정성에 초점을 맞춘 SNS 콘텐츠 같은 일명 '카더라 정보'가 증가한다. 불특정 다수에게 유포된 정보는 인위적으로 제거할 수 없다. 따라서, 당신이 가장 먼저 해야 할 일은 대중들 사이에 부정확한 정보가 퍼지기 전에 사건에 대한 책임 여부를 '1차'로 판단한 후, 이를 기반으로 위기 상황을 가설적으로 규정하는 것이다. 여기서 '가설적'이라는 표현은 상황이 변경될 가능성이 있음을 의미한다.

다시 예시로 돌아가 보자. 처음 당신이 CTO의 전화를 받았을 때, 비록 정확하지는 않더라도 고객정보 유출 원인에 대해 해당 분야 전문가인 CTO의 의견을 물어보고 대략적이라도 회사의 책임 여부에 대한 '1차' 판단을 해야 한다.

만약 CTO가 외부 해킹의 가능성을 높게 추정하고 있다면, '면책사건'으로 규정할 수 있다. 반대로 내부 구성원의 부주의 혹은 실수로 인한 유출이라면, 사건의 책임이 회사에 있기에 '귀책사건'으로 규정해야 한다. 만약 CTO가 사건의 원인에 대해 전혀 추정하지 못하거나 면책과 귀책의 가능성을 반반으로 보고 있다면, 일단 '귀책사건'에 준하여 대응해야 한다. 초기에 '귀책사건'으로 판단하고 대응했다가 추후 '면책사건'으로 밝혀진다면 기업 역시 억울한 피해자가 되지만, 반대의 경우에는 '책임 회피자'로 여론의 역풍에 직면하게 된다.

위기상황에 대한 판단

위기 발생 시 가장 먼저 책임 여부에 대한 신속한 판단이 필요한 이유는 이를 통해 위기 사건을 '면책사건'인지 '귀책사건'인지 1차적으로 분류하고, 이에 맞는 위기대응 전략을 신속하게 전개할 수 있기 때문이다. 기업이나 조직이 직면할 수 있는 크고 작은 위기들은 수십, 수백, 수천 가지가 넘겠지만, 어떠한 위기라도 크게 네 가지 상황으로 분류할 수 있다.

앞서 살펴본 대로, 기업의 대외적 책임 여부에 따라 '귀책사건'과 '면책사건'으로 분류할 수 있다. '귀책사건'은 다시 법적인 책임이 있는 경우(법적 책임)와 법적인 책임은 없으나 도의적 책임이 있는 경우(도의적 책임)로 구분할 수 있다. 기업의 책임을 발생시키는 모든 법적 책임은 도의적 책임을 내포하고 있다.

'면책사건'은 일단 대외적으로 법적 · 도의적 책임을 면한 상황이다. 하지만 위기가 발생한 위치에 따라 내부실책과 외부위협으로 구분된다. 내부실책인 경우, 투자 실패로 인한 재무 손실, 미숙한 공장 운영으로 인한 생산 차질, 관리 부실로 인한 대규모 재고 발생같이 대외적인 책임은 없으나 내부의 판단 미스로 인해 위기에 준하는 손실이 발생한 경우이다. 이 경우 외부에는 책임은 없지만 조직 구성원이나 투자자 같은 내부 이해관계자에 대한 도의적 책임이 발생한다. 반면, 가짜 뉴스, 해킹 시도, 적대적 M&A와 같이 조직에 중대한 위협을 주고 있지만 외부에서 시작된 위기는 '외부위협'으로 구분한다. 지금까지 설명한 네 가지 위기 상황을 도식화하면 다음과 같다.

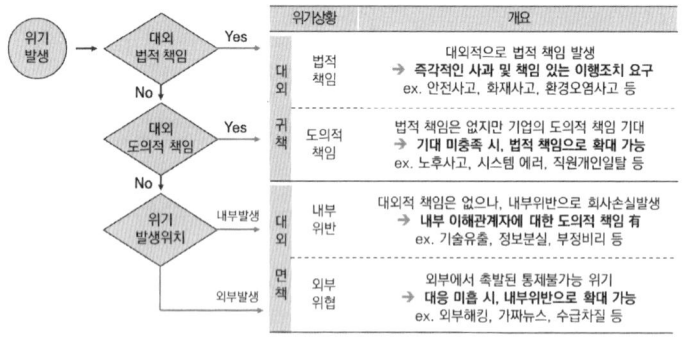

앞서 예시로 든 'A증권 고객정보 유출사건'이 어떤 경우에 네 가지 상황에 해당하는지 살펴보자. 먼저, 외부 해킹으로 고객 정보가 유출되었다면 이 사건은 '외부위협'으로 분류할 수 있다. 하지만 금융회사는 이러한 외부 해킹을 막기 위해 법적으로 방화벽 시스템을 갖추어야 한다. 만약 이러한 방화벽 시스템을 제대로 갖추지 못했거

위기대응의 정석

나, 사건 당시 이 시스템에 기술적 문제가 발생하여 정보가 유출되었다면, 이는 사건의 책임이 내부에 있고 법적 책임까지 져야 하기 때문에 '법적 책임'으로 분류된다.

만약 A증권이 방화벽 시스템을 법적 요건에 맞춰 잘 갖추었고, 사건 당시 시스템이 정상적으로 작동했음에도 불구하고, 해킹에 의해 불가항력으로 정보가 유출되었다면, A증권은 일단 법적 책임을 면할 수 있을 것이다. 그러나 법적 책임과 별개로, 고객 정보를 안전하게 보호해야 할 금융회사에서 정보가 유출되었다는 사실만으로도 (불가항력적인 사유가 있었다고 하더라도) 소중한 자산을 맡긴 고객들과 여론의 따가운 시선을 피할 수 없다. 따라서 이 사건은 '도의적 책임'으로 규정하는 것이 타당할 것이다.

3

법적 책임과 도의적 책임의 관계

위기가 발생하면 여론은 법적 책임이 없더라도 기업에 도의적 책임을 묻는 경향이 강하다. 법적 책임이 따르는 위기라면 도의적 책임은 자동으로 수반된다. 따라서 도의적 책임은 전혀 없는데 법적 책임만 지는 경우는 매우 이례적이다. 이러한 상황은 법이 현실을 충분히 반영하지 못해서 발생하는 경우가 대부분이며, 이는 '위기'로 증폭되는 경우가 드물다.

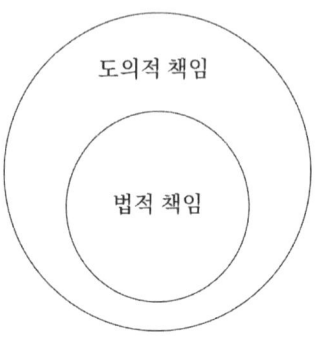

위기대응의 정석

내부실책은 외부에는 어떤 피해를 주지 않는 대외 면책상황에서 투자 실패, 운영 미숙 등으로 중대한 위험을 초래하는 '내부 손실'이 발생한 사건을 의미한다. 즉 대외·대내 모두 면책인 외부위협과 달리 내부실책은 대외적인 책임은 없지만, 내부적으로 귀책인 상황이다. 따라서 대규모 고객정보가 유출된 A증권의 경우, 이미 고객들이 피해를 입었기에 '내부실책' 상황은 성립되지 않는다. 지금까지 A증권 고객정보 유출 사건을 책임여부에 따라 4대 위기상황으로 간략히 분류해 보았다. 이를 정리하면 다음과 같다.

내부실책은 외부에는 피해를 주지 않지만, 투자 실패, 운영 미숙 등으로 인해 내부적으로 중대한 위험을 초래하는 '내부 손실'이 발생한 사건을 의미한다. 즉, 대외적으로는 면책이나 내부적으로는 책임이 있는 상황을 말한다. 외부위협이 대내외 모두 면책인 것과 달리, 내부실책은 대외적인 책임은 없지만 내부적으로는 책임이 있는 경우이다. 따라서 대규모 고객 정보가 유출된 A증권의 경우, 이미 고객들이 피해를 입었기에 '내부실책' 상황은 성립되지 않는다. 지금까지 A증권 고객 정보 유출 사건을 책임 여부에 따라 네 가지 위기 상황으로 간략히 분류해 보았다. 이를 정리하면 다음과 같다.

A증권 위기상황 분류 예시

위기상황	상황 개요
법적 책임	A증권이 법적으로 요구되는 방화벽 시스템을 제대로 갖추지 못했거나, 시스템에 기술적 문제가 있어 정보가 유출된 경우
도의적 책임	A증권이 법적 요건을 충족하고 시스템이 정상적으로 작동했음에도 불구하고, 해킹으로 인해 불가항력으로 정보가 유출된 경우. 이 경우, 법적 책임은 없지만 고객들과 여론의 비난을 피할 수 없기 때문에 도의적 책임 발생
외부위협	불가항력적인 외부 해킹으로 인해 고객 정보 유출되었더라도, 고객들은 A증권에 높은 수준의 고객정보 보호를 기대하고 있기에 도의적 책임을 벗어날 수 없음. 따라서 외부위협은 성립될 가능성은 없음
내부실책	대규모 고객 정보의 유출로 고객 피해가 발생했기에 A증권에게 대외적 책임이 없는 상황을 가정하는 '내부실책'은 성립할 수 없음

4

위기대응 기조와 전략

위기 발생 시 가장 먼저 해야 할 일은 위기가 대외 법적 책임, 도의적 책임, 내부실책, 외부위협 중 어느 상황에 해당하는지 분류하는 것이다. 위기 발생 초기에 이 판단을 신속하고 정확하게 하는 것만으로도 위기대응 전략의 절반은 수립한 셈이다. 이는 네 가지 위기 상황에 따라 실행해야 할 위기대응이 '책임 통감', '책임 부인', '책임 조절'이라는 세 가지 대응 기조와 20개의 전략으로 패턴화되어 있기 때문이다.

'책임 통감' 기조는 말 그대로 조직이 위기에 대한 자사의 책임을 통감하고, 이를 공식적으로 인정하며 책임감 있게 위기를 수습하겠다는 발표와 이행으로 이어진다. 이는 법적 책임이나 도의적 책임을 인정하는 상황에서 사과 및 보상 등의 이행 방안을 적극 제시하여 평판 회복을 주요 목표로 한다. 예를 들어, A증권의 고객 정보 유출이 법적 요건을 갖추지 못한 취약한 시스템 문제나 내부 구성원의 부주의 또는 실수로 인한 경우(도의적 책임)에는 이 기조를 채택하게 된다. 책임 통감 기조에 따른 전략 옵션은 ▲사과표명 ▲보상조치 ▲정책수정 ▲재발방지 ▲이행방안 등 5가지가 있다.

'책임부인' 기조는 '책임통감'과 반대로 법적 책임이 확실히 없고, 도의적 책임도 현저히 낮은 상황에서 조직에 대한 부당한 책임 전가에 적극 대응할 필요가 있을 때 채택한다. 위기가 발생하면, 기업의 책임이 없어도 사건의 부정적 여파로 인해 기업의 평판은 위험에 처할 수 있다. 따라서 '책임부인' 기조는 사실과 다른 가짜 뉴스, 기업에 대한 불필요한 오해와 부정적 인식을 조기에 해소하기 위해 조직의 책임을 부인하고, 외부위협에 적극 대응하는 활동으로 이어진다.

이때 주의해야 할 점은, 위기를 대외적 책임이 없는 '면책사건(내부 손실 · 외부위협)'으로 1차 판단하더라도 섣불리 책임부인 기조로 대응하는 것은 신중해야 한다는 것이다. 1차 판단은 제한된 정보를 가지고 신속하게 이루어지기 때문에 책임 여부의 정확성을 확신하기 어렵다. 또한 법적인 책임이 없더라도 여론은 항상 기업에 높은 수준의 도의적 책임을 묻는 경향이 강하다.

예를 들어, A증권의 고객 정보 유출이 불가항력적인 외부 해킹에 의한 것이며, 법적 책임이 전혀 없다고 가정해도, 도의적 책임에서

까지 자유로울 수는 없다. 이러한 상황에서 A증권이 '책임부인' 기조로 일관한다면, 여론의 동정보다는 역풍을 맞을 가능성이 크다. 따라서 면책사건으로 1차 판단을 하더라도, 항상 귀책 가능성을 염두에 두고 신중하게 대응해야 한다. '책임부인' 기조에서 취할 수 있는 전략 옵션은 ▲단순부인 ▲책임지명 ▲공격대응 ▲피해위로 ▲희생전략 등이다.

'책임조절' 기조는 법적·도의적 책임이 없거나 매우 경미한 수준이지만, 실제 책임에 비해 과도하게 부풀려진 상황에서 오해를 해소하기 위해 채택된다. 따라서 '책임조절'은 먼저 책임을 인정하거나 (책임통감), 반대로 책임이 없는 상황(책임부인)을 가정한 후, 책임의 수위를 위기의 수위에 맞춰 합리적으로 조절하기 위해 보조적으로 사용된다. 비록 보조적 기능이지만 '책임조절' 기조를 채택하는 데는 신중해야 한다.

예를 들어, A증권의 위기가 해킹 방어 시스템을 업그레이드하는 과정에서 담당 직원의 실수나 부주의로 인해 고객 정보가 유출된 '귀책사건'이라 가정해 보자. 이 경우 당연히 책임통감 기조로 대응해야 한다. 비록 담당 직원의 실수로 고객 정보가 유출되었지만, 해킹 방어 시스템 업그레이드는 고객 정보를 보호하기 위한 긍정적인 의도에서 진행된 조치였을 것이다. 또는 법적으로 반드시 갖춰야 하는 의무 사항일 수도 있다. 따라서 A증권의 공식 사과문에서 사건

경위를 설명하는 과정에서 시스템 업그레이드는 불가피한 측면이 있었고, 긍정적인 의도가 있었다는 내용을 포함할 수 있다.

다만, 이러한 '책임조절' 기조에 따른 메시지가 '책임통감' 기조보다 부각되면, 의도와 달리 여론과 이해관계자들에게 A증권이 책임을 회피한다는 인상을 줄 수 있다. 사람들은 이미 발생한 '위기'와 함께 조직이 위기를 대하는 '태도'를 중요하게 생각한다. 이러한 태도를 통해 조직이 진정성 있게 위기를 해결하려는 것인지 아니면 그럴듯한 말로 위기를 모면하려는 것인지 판단한다. 이 때문에 위기 자체보다 '위기를 대하는 태도'가 여론의 비난을 증폭시키는 경우가 많다. 따라서 '책임조절' 기조를 채택할 경우, 대중의 오해를 불러일으킬 요소가 없는지 꼼꼼히 살펴야 한다. 책임조절 기조에 따른 전략 옵션은 ▲우려해소 ▲긍정의도 ▲동전양면 ▲불가항력 ▲관계없음 등 5가지이다.

이외에도 책임통감, 책임부인, 책임조절과 병행할 수 있는 전략 옵션으로 ▲진상확인 ▲약속천명 ▲침묵전략 ▲이슈환기 ▲국면전환이 있다. 지금까지 살펴본 위기대응 기본흐름을 요약하면 다음과 같다.

위기대응의 정석

위기대응 기본흐름

단계	구분	내용
1단계	귀책여부 판단	(귀책사건) 대외 책임 있음 (법적 책임, 도의적 책임) (면책사건) 대외 책임 없음 (내부실책, 외부위협)
2단계	위기상황 규정	(법적 책임) 외부에 대한 법적 책임 있음 (도의적 책임) 외부에 대한 도의적 책임 있음 (내부실책) 대외 면책이나 내부실책으로 위기발생 (외부위협) 대외 면책이나 외부위협으로 위기발생
3단계	대응기조 채택	(책임통감) 책임을 통감하고 책임이행 및 약속 (책임부인) 책임을 부인하고 책임원인 지명 또는 공격 (책임조절) 책임수준에 대한 오해나 루머 해소
4단계	전략옵션 조합	(책임통감) 사과표명, 보상조치, 정책수정, 재발방지, 이행방안 (책임부인) 단순부인, 책임지명, 공격대응, 피해위로, 희생전략 (책임조절) 우려해소, 긍정의도, 동전양면, 불가항력, 관계없음 (병행전략) 진상확인, 약속천명, 침묵전략, 이슈환기, 국면전환

위기대응 사건은 처음에는 상당히 복잡해 보일 수 있지만, 큰 흐름으로 구분하면 4대 위기 상황으로 분류한 후, 대응 기조에 따라 20개 전략 옵션으로 대응하는 것이 핵심이다. 이것이 바로 '4x20 위기대응 전략'이다. 다음 장에서 실제 발생한 위기 사례를 통해 4대 위기 상황에 대해 자세히 살펴보자.

—

제2장

4대
위기상황

법적 책임

법적 책임 상황은 특정 사건에 대해 기업에 법적 책임이 있는 경우를 의미한다. 이는 조직 구성원의 실수나 부주의, 제품이나 서비스 결함 등으로 인해 발생한 모든 사건을 포함한다. 또한, 최초 사건을 수습하는 과정에서 발생하는 2차 사고도 해당된다. 인명 피해가 있는 경우, 법적 책임을 요구하는 여론으로 더욱 증폭된다.

특정한 피해자가 발생하지 않더라도 조직의 법제도 및 행정 절차 위반, 내부 인사의 비리, 법 위반 사례도 포함된다. 특히, 이러한 법 위반이 고의적인 것으로 의심되거나 고위층의 방조로 인해 발생한 경우, 여론의 비판은 더욱 강해진다.

조직에 법적 책임이 있다고 판단될 경우, 언론과 여론은 해당 기업의 즉각적인 사과와 책임 있는 수습 조치를 기대한다. 이러한 기대를 충족시키지 못하면, 단순 이슈에 불과하던 사건이 위기로 증폭

될 가능성이 크다. 채용 비리, 법률 위반, 공장 내 인명 사고, 환경 오염 사고 등이 이에 해당된다. 다음 사례를 보자.

(1) 사건개요

바디프랜드 '표시광고법 위반' 사건 (2020년 7월)

- 드라마 〈스카이캐슬〉에 등장한 안마의자로 유명한 바디프랜드가 청소년용 안마의자 '하이키'를 거짓 광고한 혐의로 공정거래위원회로부터 과징금과 검찰 고발 처분을 받음
- 바디프랜드는 자사 홈페이지, 신문, 잡지, 리플릿 등을 통해 '하이키'가 키성장 효능 및 브레인 마사지를 통한 뇌 피로 회복·집중력, 기억력 향상 효과가 있다고 광고했으나, 이는 사실이 아닌 것으로 밝혀짐
- 공정위는 바디프랜드의 광고가 고의적인 거짓 광고로 위법성이 중대하다고 판단하여 검찰 고발을 결정하였으며, 이와 함께 과징금 2,200만 원 부과와 시정명령을 내림
- 바디프랜드는 임상시험을 통해 키성장 효능을 실증한 적이 없으며, 효능이 없다고 판단하면서도 소비자를 현혹하는 광고를 한 것으로 드러남
- 이에 공정위는 바디프랜드를 생명윤리법 등을 위반한 혐의로 보건복지부에 통보함

공정거래위원회 조사에 의하면, 바디프랜드가 청소년용 안마의자 '하이키'를 거짓 광고한 혐의가 있다. 그러나 아직 검찰 조사, 기소, 재판 등이 이루어지지 않았기 때문에 당시 공정위 발표만으로 바디프랜드에 법적 책임이 100% 있다고 단정할 수는 없다. 하지만 이미 해당 제품을 구매한 소비자들은 재판 결과를 기다려 주지 않는다. 따라서 바디프랜드는 자신들의 귀책 여부를 신속하게 판단하고, 적절한 대응 기조를 정해야 한다.

(2) 사건대응

입장문을 살펴보면, 바디프랜드는 현행법 위반에 대한 책임을 인정하고 사과와 고객 보상을 제시함으로써 불필요한 논란을 종식하고자 하는 책임통감 기조를 취하고 있다. 유사 사건 재발 방지를 위한 구체적인 방안을 제시함으로써 사과의 진정성을 부각하고 있다. 또한, "성인들의 전유물인 안마의자가 학업 등의 각종 스트레스를 겪는 청소년들에게도 필요할 것이라고 판단하여 제품을 출시하였다"라는 내용을 통해 책임조절 기조전략(긍정의도)을 병행하고 있다.

바디프랜드가 책임을 인정했기에 광고를 믿고 구매한 고객들은 피해자가 된다. 이에 대해 "각 고객님께서 원하시는 요구 사항을 최대한 적극적으로 수용하여 진행하겠습니다"라는 보상 조치를 통해 책임통감 기조에 충실하고 있다.

대규모 인명 피해가 발생한 위기가 아니라면, 기업의 귀책으로 경제적·금전적 피해자가 발생한 경우, 기업이 신속하게 자사의 책임을 인정하고 책임통감 기조에 충실하다면 여론은 기업에 위기를 수습할 기회를 준다. 이때 기업이 진정성 있게 사건을 수습하면 다시 한번 고객과 여론의 신뢰를 얻게 되지만, 약속 이행이 미진할 경우 위기는 재점화되고 기업 평판 훼손은 불가피하게 된다.

2

도의적 책임

도의적 책임 상황은 기업에 법적 책임은 없지만 도의적 책임이 있는 경우를 말한다. 우리나라를 포함한 아시아 문화권에서는 도의적 책임을 중요시하기에, 이 지역에서 사업을 하는 기업들은 도의적 책임 상황을 가볍게 여겨서는 안 된다.

예를 들어, 갑작스러운 지진으로 자동차 서비스 센터에 보관 중인 고객 차량이 파손된 경우를 생각해보자. 천재지변으로 인한 피해이기에 법적으로는 기업에 책임이 없다. 그러나 회사에 차량을 맡긴 고객들은 기업이 도의적 책임을 다하길 기대하고 요구하기 마련이다. 만약 피해 규모가 수십억에 달하는 고객 피해를 기업이 배상하거나 지원한다면, 단기적으로 재무적 타격이 클 것이다. 그렇다고 천재지변으로 인한 피해(불가항력)라며 법적 책임이 없다는 입장만 되풀이한다면, 도의적 책임을 다하지 않았다는 평판 리스크로 인해 장기적인 사업 성과에 부정적인 영향이 클 것이다.

위기대응의 정석

필자의 경험으로는 4대 위기 상황 중 도의적 책임이 가장 대응하기 까다롭다. 법적 책임이 분명하면 진정성 있게 사과하고 사건 수습에 최선을 다하면 된다. 그러나 법적 책임이 없는 도의적 책임 상황에서는 조직에 도의적 책임이 있는지, 있다면 어느 정도 수준인지, 도의적 책임에 따른 대응을 어떻게 할지에 대해 조직 내부 의견도 분분하다. 위기 사건 관련 다양한 이해관계자별로 입장이 다르고, 조직 내부에서도 부서마다 입장이 다르기 때문이다.

위기대응은 다소 보수적으로 접근해야 한다. 따라서 도의적 책임역시 법적 책임과 마찬가지로 책임통감 기조에 따라 대응하되, 실제책임 수위보다 지나치게 부풀려지거나, 사실과 다른 정보로 여론을호도하는 이해관계자가 목소리를 높이는 경우에 한해 책임조절 전략을 보조적으로 활용한다. 다음 사례를 보자.

(1) 사건개요

배달의 민족 '배달수수료 변경' 사건 (2020년 4월)

- 국내 1위 배달앱 '배달의 민족'(배민)이 수수료를 정액제에서 5.8% 정률제로 변경하면서 수수료 인상 논란이 커짐
- 소상공인연합회와 전국가맹점주협의회 등 배달이 매출의 큰 부분을 차지하는 자영업자들은 강하게 반발하고 있으며, 정치권도 비판에 가세
- 이재명 경기도지사는 '독과점 횡포'라며 지역 공공 배달앱을 개발하겠다고 나섰고, 더불어민주당은 특별법 입법 등을 검토하겠다고 밝힘
- 배민은 2021년 12월 업계 2, 3위인 요기요와 배달통 운영사인 독일계 기업 딜리버리히어로에 지분 매각을 추진하면서 수수료 인상에 대한 우려가 나온 바 있음 (세 배달앱의 점유율을 합치면 90%가 넘는 독점적 지위가 형성)
- 이번 수수료 체계 변경으로 월 매출 150만 원 이하의 영세 자영업자들은 혜택을 보지만, 상당수 자영업자는 전보다 더 많은 수수료를 내야 해 사실상 수수료를 올린 셈이라는 지적이 나오고 있음

- 이런 상황에서 전북 군산시는 20년 3월부터 가입비와 광고료 없는 '배달의 명수' 앱을 출시해 24일 동안 6937건을 처리했고 가입자 2만 3549명을 확보함 (이 앱은 지역화폐인 '군산 사랑 상품권' 할인 혜택도 제공)
- 경기와 경북, 서울 광진구 등도 군산시를 모델로 공공 배달앱을 만들기로 결정

배달의 민족은 수수료 체계를 기존의 정액제에서 5.8%의 정률제로 변경하면서 수수료 인상 논란이 커졌다. 이로 인해 지역 자영업자들이 강하게 반발하고 있으며, 정치권에서도 비판에 가세하고 있다. 수수료 체계를 변경하는 것은 법적으로 문제가 없다. 그러나 많은 기업이 가격 인상에 신중한 이유는 고객 이탈, 시장 경쟁력 하락 등의 리스크로 인해 오히려 수익성이 악화될 수 있고, 폭리를 취하는 기업 이미지가 우려되기 때문이다.

특히 가격 인상으로 피해를 입는 이해관계자가 발생할 경우, 법적 책임과 관계없이 기업에 사회적 책임을 촉구하는 여론이 형성되기 쉽다. 즉, 도의적 책임은 법적 책임과 별개이다. 이 사건에 대한 공식 입장문 주요 내용을 통해 배달의 민족(우아한 형제들)이 이번 위기에 대한 자사의 책임을 어떻게 판단했는지 살펴보자.

(2) 사건대응

입장문

우아한 형제들은 코로나19로 외식업주들이 어려워진 상황을 헤아리지 못하고 새 요금체계를 도입했다는 지적을 겸허히 수용하고 고개 숙여 사과드립니다. 일부 업소가 광고 노출과 주문을 독식하는 '깃발꽂기' 폐해를 줄이기 위해 새 요금체계를 도입했습니다만 자영업자들이 힘들어진 상황 변화를 두루 살피지 못했습니다.

우아한 형제들은 즉각 오픈서비스 개선책 마련에 나서겠습니다. 비용 부담이 늘어나는 분들에 대한 보호 대책을 포함하여 여러 측면으로 보완할 방안을 찾겠습니다. 저희는 코로나19 확산으로 인한 소상공인 경영난 극복에 도움을 드리고자 월 최대 15만 원 한도 내에서 3, 4월 수수료의 절반을 돌려드리는 정책을 지난달 이미 발표한 바 있습니다.

당장의 부담을 줄여드리기 위하여 이 정책을 확대해 4월 오픈서비스 비용은 상한을 두지 않고 내신 금액의 절반을 돌려드리겠습니다. 이번 일을 계기로 저희는 외식업소의 매출은 늘고, 이용자들의 업소 선택권은 최대한 보장되는 앱이 되도록 배달의민족을 가꾸어 나갈 것을 약속드립니다.

입장문을 통해 배달의 민족이 비록 법적 책임은 없으나 도의적 책임을 인정하고 '책임통감' 기조로 대응했음을 알 수 있다. 이에 따라 사과 입장을 표명한 후 기존 수수료 변경 정책을 철회했다. 또한 사과에 그치지 않고, 상한 없이 수수료 50% 환급이라는 일종의 '보상 조치'를 취함으로써, 책임통감 기조에 충실하고 있다.

더불어 "일부 업소가 광고 노출과 주문을 독식하는 '깃발꽂기' 폐해를 줄이기 위해 새 요금 체계를 도입했습니다"라며, 새 요금 체계를 도입하려는 의도 자체는 선의였다는 '긍정적 의도' 전략을 통해 '책임조절' 기조를 병행하고 있다.

기업은 법적 책임에서 자유롭다면 자칫 도의적 책임을 소홀히 할 수 있다. 배달의 민족이 법적 책임보다 도의적 책임의 중요성을 인식하고, 책임통감 기조에 따라 사과 표명, 정책 수정, 보상 조치까지 잠재적 피해자가 원하는 조치를 재빠르게 이행한 점은 긍정적으로 평가할 수 있는 부분이다. 그러나, 코로나19로 인한 민감한 시기에 새 요금제에 대한 일부 사업자들의 반발 강도를 사전에 감지하지 못하고 발표했다는 사실은 조직의 위기감지 역량에 문제가 있음을 드러낸다.

3

내부실책

내부실책 상황은 기업에 대외적으로 법적·도의적 책임이 없으나, 말 그대로 내부 구성원의 실책으로 조직에 재무적 손실과 평판에 부정적 영향을 미친 경우에 해당된다. 대규모 투자 실패, 공장 운영미숙으로 인한 생산차질, 기술 노후화에 따른 경쟁력 상실 같은 위기가 대표적이다. 또한 외부가 아닌 기업 내부에 직접적인 손실을 끼친 내부 구성원의 일탈이나 범죄도 이에 해당한다.

내부실책으로 기업의 손실이 커지거나, 손실 규모가 크지 않아도 조직 구성원의 일탈이나 범죄가 언론 보도를 통해 대외적으로 알려질 경우, 이는 기업의 평판 훼손으로 이어진다. 다음은 주요 기업들의 내부실책 사례이다.

내부실책 사례

유형	주요 내용
대규모 투자 실패	• AOL과 Time Warner 합병 실패 - 2000년 대규모 합병으로 인해 큰 손실 발생 • 노키아의 스마트폰 시장 실패 - 2010년대 초반 안드로이드 및 iOS에 대응 실패로 인한 시장 점유율 감소 • 마이크로소프트의 Nokia 인수 - 2014년 대규모 인수 후 브랜드 가치 하락 및 구조조정 비용 발생
운영미숙으로 인한 생산차질	• 보잉 787 드림라이너의 생산 지연 - 복잡한 글로벌 공급망 문제와 조립 지연 • 인텔의 칩 생산 지연 - 10nm 공정 전환 실패로 경쟁사 대비 기술 지연 • 테슬라 모델 3의 생산 지연 - 초기 생산 과정에서 자동화 문제로 인한 대규모 생산 지연
기술 노후화에 따른 경쟁력 상실	• 코닥의 디지털 카메라 시장 실패 - 필름 기반 기술에 집중하면서 디지털 전환 실패 • 블랙베리의 스마트폰 시장 실패 - 초기 스마트폰 선도 기업이었으나, 혁신 부족으로 시장 점유율 급감 • 야후의 검색 엔진 경쟁력 상실 - 구글 및 다른 경쟁자들에 비해 혁신 및 기술 개발에서 뒤처짐

내부실책 사건은 외부 이해관계자들에 대한 직접적인 책임이 없기에 사과문이나 입장문을 발표하는 경우는 드물다. 그러나 직원 개인의 일탈이나 횡령 같은 범죄로 조직에 위기가 발생했을 경우, 이를 예방해야 할 경영진에게 책임을 묻는 여론이 확산될 수 있다. 이러한 상황에서는 내부뿐만 아니라 외부 이해관계자들을 대상으로 사과문을 발표할 필요가 있다.

조심해야 할 점은 내부실책 사건을 초기에 수습하지 않거나 방치하면, 결국 외부 이해관계자들에게 피해를 미치는 귀책사건으로 확대될 수 있다는 것이다. 예를 들어, 상장기업의 경우 대규모 투자 실패로 주가가 하락한다면 개인 투자자들 사이에서 경영진에 도의적 책임을 묻는 여론으로 확대될 수 있다. 또한 공장 운영 미숙으로 인한 생산 차질로 거래처에 약속한 납품 기한을 못 지키면 법적 책임 사건이 된다.

대표적인 내부 구성원 범죄 중 하나인 횡령으로 막대한 손실을 입었다면 사실 기업도 피해자이다. 그러나 다른 내부 구성원이나 투자자 같은 내부 이해관계자들은 이러한 범죄를 예방하는 관리 시스템이나 관리 감독에 소홀한 조직에 책임을 묻기 마련이다. 이처럼 내부실책은 대외적인 책임이 없어도 언제든 조직에게 책임을 묻는 여론으로 확산될 수 있다. 따라서 법적·도의적 책임 사건에 준하는 '책임통감' 기조로 준비해야 한다.

(1) 사건개요

다음은 2022년 1월 3일, 오스템임플란트가 '횡령·배임 혐의 발생'이라는 제목으로 금융감독원 전자공시시스템에 공시한 내용이다.

횡령·배임 혐의 발생

1. 사고발생내용	1. 특정경제범죄 가중처벌 등에 관한 법률 위반(업무상 횡령) 2. 고소인: 오스템임플란트 주식회사 3. 피고소인: 오스템임플란트 주식회사 자금관리 직원 이○○

2. 횡령 등 금액	발생금액(원)	188,000,000,000
	자기자본(원)	204,760,579,444
	자기자본대비(%)	91.81
	대기업해당여부	해당
3. 향후대책		현재 고소장이 제출된 상태이며, 향후 적법한 절차에 따라 회수를 위해 필요한 모든 조치를 취할 예정입니다.
4. 사고발생일자		2021-12-31
5. 확인일자		2021-12-31
6. 기타 투자판단에 참고할 사항		- 상기 건은 자금관리 직원 단독으로 진행한 횡령 사건이며, 당사는 2021년 12월 31일 서울 강서경찰서에 고소장을 제출하였습니다. - 상기 2.의 자기자본은 2020년 말 별도 재무제표 기준 자본총계입니다. - 상기 4.의 사고발생일자와 5.의 확인일자는 고소인의 고소대리인이 고소장을 제출한 날짜입니다. - 추후 변경되는 사항이나 추가로 확정되는 사실에 대해서는 관련 사항을 공시할 예정입니다.
	※관련공시	-

이 사건은 회사의 자금 관리를 담당하는 직원이 자본금의 90% 이상인 1,880억 원을 빼돌린 횡령 사건이다. 규모의 차이는 있지만, 조직 구성원의 횡령은 빈번한 범죄이다. 그러나 이번 사건이 주목받은 이유는 2조 원 미만 기업이 자본금의 5% 이상을 횡령할 경우 상장 폐지 요건에 해당하기 때문에 사건의 파장이 크고 중대하기 때문이다. 실제로 해당 공시 직후 주식 거래가 중지되고 상장적격성 실질심사 절차에 돌입했다.

(2) 사건대응

오스템임플란트는 입장문을 통해 자금관리 직원 단독으로 진행한 횡령 사건으로 규정하고, 강서경찰서에 고소장을 제출했다고 밝혔다. 이를 통해 자신들도 피해자라는 메시지를 전하고 있다. 법적 기준으로만 보면 기업도 피해자인 것이 맞다. 그러나 직원에 대한 관리 책임과 별개로 2천억에 가까운 자금이 빠져나가는 과정에서 이를 감지하지 못한 재무 시스템이 작동하지 않았다는 점에서 기업이 도의적 책임에서 자유로울 수는 없다.

또한, 이 사건의 여파로 상장회사의 주식 거래가 중지되면서 선량한 투자자들의 자금이 묶이는 등 피해자가 발생했다. 따라서 위기에 대한 회사의 책임을 폭넓게 인식하고 '책임통감' 기조로 대응하는 것이 신뢰를 회복하는 길이다. 초유의 횡령 사건에 대해 오스템임플란트가 어떤 입장을 취했는지, 2022년 1월 25일 회사가 '주주 사과문'이라는 제목으로 배포한 자료의 주요 내용을 살펴보자.

주주 사과문

존경하는 주주 여러분,

먼저 새해 연초부터 거액의 횡령사고와 주식거래정지라는 예상치 못한 사태로 주주 여러분께 심려 끼쳐 드린 점 고개 숙여 사과드립니다. 오스템임플란트는 현재 횡령금액 회수와 조속한 거래 재개를 위해 전사 자원과 모든 역량을 집중하고 있으며, 이른 시일 내 사태를 해결하고 주주 여러분의 가치와 이익을 제고하기 위해 최선을 다하고 있습니다.

횡령규모가 큰 사건이기에 수사기관에서도 총력을 다해 수사를 진행하고 있습니다. 본 사건은 당사 전 재무팀장의 개인일탈에 의한 범행으로, 1월 9일 경찰에 의해 범인이 구속된 이후, 1월 14일 검찰로 송치되었습니다. 조만간 기소가 예상되며, 회사 또한 수사기관에 적극 협조해 횡령금액 회수에 모든 노력을 다하고 있습니다.

공시된 잠정 실적 기준으로 횡령손실 추정액을 모두 반영하고도 당사의 2021년 당기순이익은 319억 원을 기록할 것으로 예상하고 있습니다. 이는 외부 법무법인이 현재까지 수사진행을 바탕으로 평가한 회수가능금액을 반영한 금액이며, 향후 회수금액이 늘어나는 만큼 위 순이익 금액은 더 커질 가능성이 있습니다.

큰 규모의 횡령사고에도 불구하고 영업상황이나 회사의 펀더멘탈은 전혀 문제없이 매우 우수한 상태입니다.

풍부한 현금 유동성으로 경영활동도 예전과 다름없이 이어가고 있습니다. 당사는 경영활동에 필요한 충분한 현금성 자산을 보유하고 있으며, 현금흐름도 매월 130억 원 이상 증가하는 추세이기 때문에 재무구조는 매우 튼튼합니다. 금융권 또한 오스템임플란트를 여전히 우량회사로 평가하고 있으며, 은행을 비롯한 CB투자자 등과 성실히 소통하고 있습니다.

당사는 현재 거래 재개 시점을 최대한 앞당기기 위해 거래소의 요청사항에 대해 전사 자원과 모든 역량을 집중해 적극적으로 대응하고 있습니다. 외부감사법인의 감사보고서 일정준수, 투명성 확보를 위해서도 외부감사인뿐만 아니라, 복수의 독립된 전문기관에 의뢰해 다각도로 검증작업을 수행하고 있습니다.

뿐만 아니라 사고 원인 파악 및 재발방지대책 마련에도 만전을 기하고 있고, 외부 전문 인력을 포함하여 전담 Task Force 팀을 구축하여 사고의 근본 원인을 진단하고 외부 회계법인과 개선계획 수립에 착수했으며, 확고한 내부통제 시스템과 경영개선계획을 준비하고 있습니다. 구체적인 경영개선계획이 확정되는 대로 주주님들께 공표드릴 예정입니다.

오스템임플란트는 먼저 '주주 사과문'이라는 제목을 통해 사과의 대상이 내부 이해관계자인 주주임을 명확히 하였고, 사과문을 통해 '책임통감' 기조를 취하고 있다. 또한 주주들이 궁금해하는 "현재 횡령금액 회수와 조속한 거래 재개를 위해 전사 자원과 모든 역량을 집중"하고 있음을 밝혔다.

책임을 통감하면서도, "당사 전 재무팀장의 개인 일탈에 의한 범행"으로 규정하여 이번 사건의 실체적 책임자를 지명한 후, "큰 규모의 횡령사고에도 불구하고 영업 상황이나 회사의 펀더멘탈은 전혀 문제없이 매우 우수한 상태"라며 추가적인 우려를 적극 해소하고 있다.

또한 외부 전문 인력을 포함한 전담 Task Force 팀을 구축하여 ▲사고 근본 원인 진단 ▲외부 회계법인과의 개선 계획 수립 착수 ▲확고한 내부 통제 시스템과 경영 개선 계획 준비 등 사고 원인 파악 및 재발 방지 대책 마련에도 만전을 기하고 있음을 강조하고 있다.

이처럼 직원의 개인적 일탈에 따른 범죄라도 이를 관리 감독에 소홀했거나, 범죄 예방을 위한 내부 통제에 실패한 내부실책 사건은 비록 법적으로 귀책 사유가 없더라도 내부 이해관계자들에 대한 도의적 책임에서 자유로울 수 없다. 따라서 내부실책은 귀책 사건에 준해서 '책임통감' 기조로 대응해야 한다.

외부위협

    외부위협 상황은 특정 사건에 대해 기업의 법적 · 도의적 책임이 없는 면책 사건이면서 내부실책도 전혀 없거나 낮은 경우를 의미한다. 외부위협은 사실이 아니거나 단순한 추측 및 의혹 제기로 기업의 사업에 위기를 촉발할 수 있는 모든 사건을 포함한다. 악의적인 루머나 가짜 뉴스가 대표적인 예이다. 또한, 잘못된 근거를 토대로 기업의 정상적인 경제 활동을 제약하거나 위협하는 공적 기관의 행정적 · 사법적 조치도 포함된다.

    외부위협은 위기를 초래한 책임이 조직 외부에 있지만, 이를 방치하면 조직의 사업과 평판에 심각한 손상을 초래할 수 있다. 실제 발생한 사례를 통해 외부위협 사건의 특징을 살펴보자.

(1) 사건개요

2020년 6월 8일, 1700만 명이 가입한 토스에서 8명의 고객 계좌에서 본인도 모르게 938만 원이 부정 결제되는 사건이 발생했다. 토스는 문제가 발생한 계정을 차단하고, 환급 조치를 한 후 경찰에 신고했다. 언뜻 보면 금융회사가 고객의 소중한 자산을 지키지 못했다는 사실만으로 면책 사건으로 보기 어려울 수 있다. 그러나 사건 관련 팩트는 다음과 같다:

- 토스를 통한 고객 정보 유출이 아닌 도용자에 의한 범죄

- 토스는 경찰청 사이버수사대에 도용자 수사 의뢰

- 고객 보호 차원에서 피해 고객에게 전액 환불 완료

즉, 팩트를 따져보면, 토스의 귀책으로 고객 정보가 유출된 것이 아니라, 제3자가 피해자의 토스 결제번호를 도용하여 상품을 구매

한 것이다. 이는 제3자가 남의 신용카드를 훔쳐서 결제한 상황과 유사하다. 이 사건은 제3자의 범죄로 발생한 '외부위협' 사건으로, 이용자뿐만 아니라 토스 역시 피해자에 가깝다. 따라서 토스에 도의적 책임은 물을 수 있어도 법적 책임까지는 물을 수 없다. 그러나 이러한 팩트를 세부적으로 알지 못하는 1700만 명의 이용자들은 불안할 수밖에 없다. 초기에 잘못 대응할 경우, 사업의 근간을 흔드는 중대한 위기로 확대될 수 있는 상황이었다.

(2) 사건대응

사건 다음날 토스는 뉴스룸 공지사항에 공식 입장문을 업로드했다. 위기 상황에서 기업이 발표하는 입장문은 최고경영자 승인하에 발표된다. 실무진이 작성한 초안은 최고경영자에게 보고되기 전에 법무팀, 홍보팀, 대관팀 등 관련 부서의 검토와 의견을 거친다. 따라서 대응문을 면밀히 살펴보면, 해당 기업이 위기 사건을 어떻게 구분하고 있으며, 이에 따라 어떤 대응 전략을 취하고 있는지 알 수 있다. 이런 관점에서 토스의 공식 입장문을 통해 그들의 위기대응 전략을 분석해 보자.

토스를 통한 고객의 정보 유출은 없었습니다. 지난 6월 3일 총 3곳의 온라인 가맹점을 통해 8명의 고객 명의를 도용한 부정 결제가 발생했습니다. 부정 결제에 사용된 고객의 정보는 전화번호, 생년월일, 비밀번호이며, 비밀번호의 경우 토스 서버에 저장되지 않기 때문에 유출이 불가능합니다.

부정 결제액에 대해 전액 환불을 완료했습니다. 회사는 고객 4명으로부터 부정 결제에 대한 민원을 접수한 즉시 해당 계정을 차단했으며, 가맹점의 결제 내역을 전수 조사했습니다. 조사 결과 추가 피해 고객 4명을 발견해 사전적으로 계정을 차단하고 이를 안내했습니다. 총 8명의 고객이 입은 피해 금원에 대한 환불 조치는 이슈 발생 하루만인 6월 4일 모두 완료되었습니다. 토스를 통한 유출이 아니지만, 고객 자산의 보호를 위해 선제적으로 전액 환불 조치했습니다.

도용자 파악을 위한 수사에 적극 협조하겠습니다. 토스팀은 경찰청 사이버수사대 및 유관 기관과 협력해, 고객의 소중한 정보를 부정한 방법으로 취득하고 이용한 도용자를 파악하고 검거하는 데 협조하겠습니다. 이를 통해, 추후 유사한 피해가 발생하지 않도록 최선을 다해 지원하겠습니다.

도용된 정보로도 결제가 불가능하도록 시스템을 고도화하겠습니다. 이번 부정 결제는 해당 고객의 신상 정보와 비밀번호를 제3자가 도용한 건으로, 일부 도용 시도 건에 대해서는 토스의 이상 거래 감지 시스템을 통해 차단되었습니다. 궁극적으로 도용된 고객의 정보라 할지라도 토스에서는 부정 결제가 이루어질 수 없도록 더욱 고도화된 이상 거래 감지 및 대응 시스템을 만들어 가겠습니다.

고객분들께 심려를 끼치게 되어 매우 안타까운 마음입니다. 모바일 금융 서비스를 제공하는 회사인 만큼 고객의 정보 보호 및 보안은 토스팀의 최우선 순위입니다. 회사 설립 이후 지속적으로 매년 업계 최고 수준의 보안 투자를 유지하고 있으며, 높은 수준의 글로벌 보안 인증을 자발적으로 획득하고 있습니다. 이 노력이 헛되지 않도록, 앞으로도 고객분들의 소중한 정보를 보호하는 데 앞장서고, 더욱 안전한 서비스를 제공하는 데 최선을 다하겠습니다.

공식 입장문을 통해 유추할 수 있는 사항은 토스가 발생한 위기를 '외부위협'으로 규정하고, 적극적인 '책임 부인' 전략으로 대응하고 있다는 점이다. 이에 따라 사건의 책임자를 지명(도용자)하고, 공격자 대응(수사의뢰)에 주력하고 있다. 자사의 귀책이 없는 '외부위협'으로 규정했기에 '유감 표명' 외에 직접적인 '사과' 표현은 없다. 피해 고객에 대한 조치도 '보상'이 아닌 '환불'로 명칭하고 있다.

그러나 금융회사의 정보 유출이라는 고객 불안감을 적극 해소하고 고객 이탈을 최소화하기 위해 기존 정책을 변경하는 '수정' 전략을 병행하고 있다. 또한 "도용된 정보로도 결제가 불가능하도록 시스템을 고도화하겠다"라는 재발 방지 약속도 하고 있다. 토스가 자체 조사를 통해 위기를 '외부위협'으로 규정하고, 책임자 지명 및 공격자 대응 전략을 채택한 것은, 공식 입장문 발표일을 기준으로 명확한 사실관계가 밝혀지지 않은 시점에서 고객의 불안을 잠재우고 신뢰를 확보하는 전략적 유용성을 지닌다. 또한 이미 사건을 수사기관에 의뢰했기 때문에 입장문 발표 이후에는 '전략적 침묵' 전략으로 전환도 가능하다.

토스가 발표한 대로 경찰 수사 결과 도용자가 특정되고, 외부위협으로 확인되면 토스 역시 '선의의 피해자'로 포지셔닝될 수 있을 것이다. 그러나 외부위협이라도 유사 사건이 재발된다면, 이번 입장문에서 약속한 '재발 방지' 책임에서 자유로울 수 없는 상황으로 급전환될 수 있다. 따라서 토스는 이번 위기를 해소하더라도 향후 유사 사건이 비즈니스 리스크 재확산 트리거로 작용하지 않도록 재발 방

지에 총력을 기울여야 한다. ˙

지금까지 4대 위기 상황에 대해 살펴보았다. 그러나 위기 상황은 고정된 것이 아니다. 상황이 복잡한 경우, 4가지 상황이 혼합된 형태로 전개될 수 있다. 예를 들어, 앞서 살펴본 '바디프렌드 광고 표시법 위반 사건'은 법적 책임 사건으로 고객들에 대한 도의적 책임이 자동으로 수반된다. 또한 조직 내부에서 광고 표시법을 꼼꼼히 검토하지 못한 실책 사건의 측면도 있다. 만약 공정위가 제기한 광고 표시법 위반이 재판 과정에서 문제가 없는 것으로 드러날 경우, 이는 기업 입장에서는 매우 억울한 '외부위협'으로 볼 수 있다.

또한 위기가 진행됨에 따라 위기 사건의 유형도 계속 변경될 수 있다. 예를 들어, 근거 없는 루머에 의한 외부위협 사건의 경우, 루머가 사실로 밝혀진다면 곧바로 귀책 사건(법적·도의적 책임)이나 내부실책이 된다. 어떤 사건이든 위기가 초래한 피해 수준과 위기에 대한 법적 책임 수준이 높을수록 위기의 심각도 역시 증대한다.

제3장

20개
위기대응 전략

1

책임통감 전략

위기 상황에서 가장 중요한 고려사항은 사건에 대한 책임 여부이다. 법적 책임이 없더라도 도의적 책임에 대한 고려는 필수적이다. 위기로 인한 피해 규모가 크거나 인명 피해가 발생하면, 법적 책임이 없어도 여론은 기업에 도의적 책임을 강하게 요구하는 경향이 있다.

사건에 대한 책임 여부가 불분명한 상황에서는 최악의 상황을 가정하고 귀책 사건에 준하여 대응해야 한다. 다음은 '책임통감', '책임조절', '책임부인' 등 3대 대응기조와 '병행전략'별로 취할 수 있는 20개 전략옵션이다.

책임통감 전략은 법적 혹은 도의적 책임을 인정하는 상황에서 사과 및 보상 등 사건수습을 위한 이행방안 등을 적극 제시한다. 세부전략은 다음과 같다.

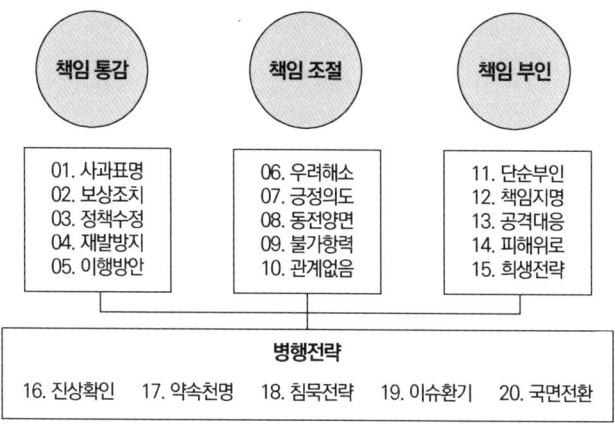

책임 통감	책임 조절	책임 부인
01. 사과표명 02. 보상조치 03. 정책수정 04. 재발방지 05. 이행방안	06. 우려해소 07. 긍정의도 08. 동전양면 09. 불가항력 10. 관계없음	11. 단순부인 12. 책임지명 13. 공격대응 14. 피해위로 15. 희생전략

병행전략

16. 진상확인　17. 약속천명　18. 침묵전략　19. 이슈환기　20. 국면전환

(1) 사과표명 (Apology)

- 전략개요: 사건에 대한 모든 책임을 인정하고 사과 표명
- 메시지 예시: "먼저 피해를 입으신 모든 분들께 사과 드립니다"
- 연계이론: 사회적 교환 이론 (Social Exchange Theory)

사과는 단순한 말 한마디가 아니다. 사회적 교환 이론에 따르면, 사과는 피해자와 조직 간의 관계를 회복시키는 사회적 교환의 한 형태다. 진정성 있는 사과를 통해 조직은 잃어버린 신뢰를 회복하고, 관계를 재구축할 수 있는 기회를 얻게 된다.

(2) 보상조치 (Compensation)

- 전략개요: 물적, 경제적 피해 보상 혹은 약속
- 메시지 예시: "피해를 입으신 모든 분들께 최대한 신속히 보상
　　　　　　　하겠습니다"

- 연계이론: 정의 이론 (Equity Theory)

정의 이론은 사람들이 공정성을 추구한다는 것을 설명한다. 위기 상황에서 피해자들은 불공정함을 경험하게 되는데, 보상은 이러한 불균형을 해소하는 역할을 한다. 적절한 보상을 통해 조직은 공정성을 회복하고, 피해자들의 만족도를 높일 수 있다.

(3) 정책수정 (Policy Modification)

- 전략개요: 이전에 취하던 정책의 전면적인 수정
- 메시지 예시: "논란이 되었던 정책을 원점에서 재검토하겠습니다"
- 연계이론: 인지 부조화 이론 (Cognitive Dissonance Theory)

인지 부조화 이론에 따르면, 사람들은 자신의 태도와 행동 사이의 불일치를 경험할 때 불편함을 느낀다. 조직이 문제가 된 정책을 수정함으로써, 이해관계자들은 조직의 태도와 행동이 일치한다고 인식하게 되어 인지 부조화가 해소된다.

(4) 재발방지 (Recurrence Prevention)

- 전략개요: 재발방지 방안 발표 혹은 약속
- 메시지 예시: "재발 방지를 위한 조치를 즉각 시행하겠습니다"
- 연계이론: 위험 지각 이론 (Risk Perception Theory)

위험 지각 이론은 사람들이 위험을 어떻게 인식하고 평가하는지를 설명한다. 재발 방지 약속은 미래의 유사한 위기에 대한 사람들의 불안감을 줄이는 역할을 한다. 이를 통해 조직은 안전하고 신뢰할 수 있다는 인식을 심어줄 수 있다.

(5) 이행방안 (Implementation)

- 전략개요: 사건 피해자나 여론이 원하는 조치 이행 또는 발표
- 메시지 예시: "외부전문가가 참여하는 진상조사위원회를 구성하겠습니다"
- 연계이론: 계획된 행동 이론 (Theory of Planned Behavior)

계획된 행동 이론은 사람의 행동이 의도에 의해 결정된다고 설명한다. 구체적인 이행 방안을 제시함으로써, 조직은 문제 해결에 대한 강한 의지를 보여주고, 이해관계자들의 신뢰를 얻을 수 있다.

책임조절 전략

책임조절 전략은 법적 · 도의적 책임이 경미하지만, 실제 책임에 비해 과도하게 부풀려진 상황에서 오해해소를 위해 보조적으로 신중히 활용한다. 세부 전략은 다음과 같다.

(6) 우려해소 (Reassurance)

- 전략개요: 사건 자체가 사소한 것이거나 안전과 무관한 것임을 강조
- 메시지 예시: "고객 안전과 전혀 무관합니다"
- 연계이론: 정보 통합 이론 (Information Integration Theory)

정보 통합 이론에 따르면, 사람들은 새로운 정보를 기존의 믿음과 통합하여 판단을 형성한다. 우려를 해소하기 위해 제공되는 추가 정보는 사람들의 인식을 변화시키는 데 중요한 역할을 한다.

(7) 긍정의도 (Good Intentions)

- 전략개요: 의도 자체는 선의였으나 의도와 다른 결과가 나옴
- 메시지 예시: "고객 안전을 위한 조치였으나 사전에 충분히 설명 드리지 못했습니다"
- 연계이론: 의도적 행동 이론 (Theory of Planned Behavior)

의도적 행동 이론은 행동의 의도가 실제 행동을 예측한다고 설명한다. 조직이 선의의 의도를 강조함으로써, 사람들은 조직의 행동을 더 긍정적으로 평가할 수 있다.

(8) 동전양면 (Double-sided Coin)

- 전략개요: 비난 받는 부분에 순기능이나 장점도 있음을 강조
- 메시지 예시: "지적하신 단점을 오히려 강점으로 평가하는 기관도 많습니다"
- 연계이론: 인지적 재평가 이론 (Cognitive Reappraisal Theory)

인지적 재평가 이론은 사람들이 상황을 다른 관점에서 해석함으로써 감정을 조절할 수 있다고 설명한다. 비난받는 부분의 긍정적 측면을 강조함으로써, 조직은 사람들이 상황을 재평가하도록 유도할 수 있다.

(9) 불가항력 (Inevitability)

- 전략개요: 통제할 수 없는 불가항력 사건임을 강조
- 메시지 예시: "그 사안은 저희 통제범위 밖에 있습니다"

- 연계이론: 귀인 이론 (Attribution Theory)

귀인 이론은 사람들이 사건의 원인을 어떻게 해석하는지를 설명한다. 통제 불가능한 외부 요인을 강조함으로써, 조직은 책임을 외부로 귀인시켜 비난을 줄일 수 있다.

(10) 관계없음 (Irrelevance)

- 전략개요: 공격자의 비난 내용이 해당 사건과 관계 없음을 강조
- 메시지 예시: "문제로 지적하신 부분은 본 사안과 관련이 없습니다"
- 연계이론: 프레이밍 이론 (Framing Theory)

프레이밍 이론은 정보가 제시되는 방식이 사람들의 인식과 판단에 영향을 미친다고 설명한다. 사건과 관련 없는 비난을 분리함으로써, 조직은 사건에 대한 인식을 자신에게 유리한 방향으로 프레임할 수 있다.

위기대응의 정석

3

책임부인 전략

책임부인 전략은 법적 책임이 확실히 없고, 도의적 책임도 현저히 낮은 상황에서 부당한 책임전가에 적극 대응하기 위해 활용한다. 세부 전략은 다음과 같다.

(11) 단순부인 (Denial)

- 전략개요: 사건이 사실과 다르거나 사건에 대한 책임을 부인
- 메시지 예시: "A의 주장은 사실과 다릅니다"
- 연계이론: 부인 방어 기제 (Denial Defense Mechanism)

단순부인은 기본적인 방어 기제이다. 사실과 다른 주장을 부인함으로써, 조직은 위협적인 현실로부터 자신을 보호하고 대응에 필요한 시간을 확보할 수 있다.

(12) 책임지명 (Blame Shifting)

- 전략개요: 사건에 책임 있는 외부인을 지명함으로써 책임 없음

을 강조

- 메시지 예시: "이 사건의 책임은 허위정보를 유포한 A에 있습니다"
- 연계이론: 귀인 이론 (Attribution Theory)

귀인 이론은 여기서도 적용된다. 책임을 외부에 귀인시킴으로써, 조직은 자신의 책임을 줄이고 비난의 대상을 전환할 수 있다.

(13) 공격대응 (Counter-Attack)

- 전략개요: 법적 조치를 포함한 공격자에 대한 공개적 · 비공개적 대응조치
- 메시지 예시: "허위사실을 유포한 A에 법적 조치를 취할 예정입니다"
- 연계이론: 대응 행동 이론 (Reactance Theory)

대응 행동 이론은 사람들이 자유를 위협받을 때 저항한다고 설명한다. 적극적인 대응을 통해 조직은 부당한 비난에 저항하고 자신의 입장을 강력히 주장할 수 있다.

(14) 피해위로 (Consolation)

- 전략개요: 사건의 책임은 부인하되, 사건 피해자에 대한 심정적 위로 표현
- 메시지 예시: "책임여부를 떠나 피해를 입으신 모든 분들께 위로의 말씀 드립니다"

• 연계이론: 공감 이론 (Empathy Theory)

공감 이론은 타인의 감정을 이해하고 공유하는 능력을 설명한다. 피해자에 대한 위로를 표현함으로써, 조직은 인간적인 면모를 보이고 부정적 인식을 완화할 수 있다.

(15) 희생호소 (Victimization Strategy)

• 전략개요: 기업 역시 사건의 희생자임을 강조
• 메시지 예시: "저희 역시 이번 사건의 피해자입니다"
• 연계이론: 피해자 이론 (Victim Theory)

피해자 이론은 사람들이 피해자에 대해 동정심을 느낀다는 것을 설명한다. 조직이 자신도 피해자임을 강조함으로써, 대중의 동정심을 얻고 비난을 줄일 수 있다.

병행전략

병행전략은 상황에 따라 책임통감 · 책임조절 · 책임부인 기조와
함께 활용할 수 있는 전략이다. 세부 전략은 다음과 같다.

(16) 진상확인 (Fact Check)

- 전략개요: 사건진상 · 책임여부 확인 전 기본 입장
- 메시지 예시: "현재 저희도 사건의 진상을 확인 중입니다"
- 연계이론: 정보 탐색 이론 (Information Seeking Theory)

정보 탐색 이론은 불확실성을 줄이기 위해 사람들이 정보를 추구
한다고 설명한다. 진상 확인 과정을 통해 조직은 불확실성을 줄이고
신뢰를 구축할 수 있다.

(17) 약속천명 (Commitment)

- 전략개요: 사건과 관련된 모든 종류의 공개적 약속
- 메시지 예시: "사건에 대한 책임이 있을 경우, 최선을 다해 해결

할 것을 약속 드립니다"

- 연계이론: 공약 효과 이론 (Commitment Theory)

공약 효과 이론은 공개적인 약속이 행동 변화를 유도한다고 설명한다. 공개적인 약속을 통해 조직은 신뢰를 얻고 책임감 있는 모습을 보일 수 있다.

(18) 침묵전략 (Silence)

- 전략개요: 의도적 무대응 혹은 공신력 있는 조사결과가 나올 때까지 답변 보류
- 메시지 예시: "그 사안은 저희도 법원의 판단을 기다리고 있습니다"
- 연계이론: 전략적 모호성 이론 (Strategic Ambiguity Theory)

전략적 모호성 이론은 때로는 명확한 입장 표명을 피하는 것이 유리할 수 있다고 설명한다. 침묵을 통해 조직은 불필요한 논란을 피하고 상황을 관리할 시간을 확보할 수 있다.

(19) 이슈환기 (Issue Reminder)

- 전략개요: 본 사건과 관련한 특정 내용 환기
- 메시지 예시: "그 부분은 이미 사법부에서 기각된 사안입니다"
- 연계이론: 의제 설정 이론 (Agenda Setting Theory)

의제 설정 이론은 미디어가 대중이 생각하는 중요한 이슈를 결정한다고 설명한다. 특정 이슈를 환기시킴으로써, 조직은 미디어를 통

해 대중의 주의를 원하는 방향으로 유도할 수 있다.

(20) 국면전환 (Issue Redirection)

- 전략개요: 본 사건과 관련 없는 긍정적 이슈로 국면 전환
- 메시지 예시: "창사이래 최대 실적을 기록했습니다"
- 연계이론: 인지적 전환 이론 (Cognitive Shift Theory)

인지적 전환 이론은 사람들의 주의와 사고가 새로운 자극에 의해 전환될 수 있다고 설명한다. 긍정적인 이슈로 국면을 전환함으로써, 조직은 부정적 인식을 감소시키고 이미지를 개선할 수 있다.

지금까지 살펴본 4대 위기상황과 20개 대응전략은 '4x20 매트릭스'로 요약할 수 있다.

4x20 매트릭스

대응 전략	세부 전략	법적 책임	도의적 책임	내부위반	외부위협
책임 통감	01. 사과표명	●	●	◐	-
	02. 보상조치	●	필요시	-	-
	03. 정책수정	◐	◐	◐	-
	04. 재발방지	◐	◕	◕	-
	05. 이행방안	◐	◕	○	-
책임 조절	06. 우려해소	필요시	●	◐	-
	07. 긍정의도	필요시	◐	◐	-
	08. 동전양면	-	◕	◕	-
	09. 불가항력	-	○	○	필요시
	10. 관계없음	-	○	-	필요시
책임 부인	11. 단순부인	-	-	-	●
	12. 책임지명	-	필요시	-	◐
	13. 공격대응	-	필요시	-	◐
	14. 피해위로	-	-	-	◕
	15. 희생전략	-	-	-	○
병행 전략	16. 진상확인	사건진상/책임여부 확인전 기본 입장			
	17. 약속천명	◐	◐	◐	-
	18. 침묵전략	필요시	필요시	-	필요시
	19. 이슈환기	-	필요시	-	필요시
	20. 국면전환	필요시	필요시	필요시	필요시

위기대응의 정석

조직에 위기가 발생했을 때, 복잡하고 두꺼운 위기대응 매뉴얼 대신 '4x20 매트릭스'를 사용하면 신속한 위기상황 정의와 대응전략 모색이 가능하다. 또한 위기대응에 참여하는 내부 구성원들이 '4x20 전략' 프레임에 따라 상황을 파악하고 대응을 모색하기 때문에 핵심을 벗어난 논의를 하느라 귀중한 시간을 낭비할 가능성을 줄여준다.

021

제4장

—

위기대응
사례분석

법적 책임 사건

지금까지 4대 위기 상황(법적 책임, 도의적 책임, 내부실책, 외부 위협)과 20개 위기대응 전략 옵션을 살펴보았다. 이번 장에서는 실제 발생한 위기대응 사례를 분석하고, 실전에서 20개 전략 옵션이 어떻게 활용되고 있는지 살펴보자.

(1) 사건명

남양유업 '불가리스' 허위 효능 논란

(2) 사건개요

2021년 3월, 남양유업이 자사 제품인 불가리스가 코로나19 바이러스를 99.9% 제거한다는 연구 결과를 발표했다. 이 연구 결과는 논란을 불러일으켰다. 일부 전문가들은 연구 결과가 과학적으로 신뢰할 수 없다고 지적했다. 이 연구 결과는 한국의과학연구원이 발표한 것으로, 남양유업이 연구비를 지원한 것으로 알려졌으며, 남양유업이 연구 결과를 홍보하기 위해 공신력 있는 언론 매체를 이용했다는 의혹까지 제기되었다. 논란이 커지자 남양유업은 연구 결과를 철회하고 사과했다. 또한, 한국의과학연구원도 연구 결과를 철회했다. 이 사건은 남양유업의 신뢰도를 크게 떨어뜨렸다.

(3) 입장문

사건 발생 2개월 후인 21년 5월, 홍원식 남양유업 회장은 '불가리스 사태' 책임을 지고 물러난다. 홍 회장은 본사 대강당에서 열린 기자회견에서 "이 사태에 책임을 지고 남양유업 회장직에서 물러나겠다"라며, "자식에게도 경영권을 물려주지 않겠다"라고 말했다. 아래는 홍 회장이 낭독한 사과문 전문이다.

먼저 온 국민이 코로나로 힘든 시기에, 당사의 불가리스와 관련된 논란으로 실망하시고, 분노하셨을 모든 국민들과 현장에서 더욱 상처받고 어려운 날들을 보내고 계신 직원, 대리점주 및 낙농가 여러분들께 진심으로 사과드립니다.

국내 가장 오래된 민간 유가공 기업으로서 국민의 사랑을 받아왔지만, 제가 회사의 성장만을 바라보면서 달려오다 보니 구시대적인 사고의 틀에서 벗어나지 못하고 소비자 여러분의 기대에 부응하지 못했던 것 같습니다.

이 밖에도 국민 여러분을 실망케 했던 크고 작은 논란들에 대해 저의 소회를 밝히고자 합니다.

2013년 회사의 밀어내기 사건과 사회적 물의를 일으킨 저의 외조카 황하나 사건, 지난해 발생한 온라인 댓글 등 논란들이 생겼을 때 회장으로서 보다 적극적인 자세로 나서서 사과드리고 필요한 조치를 취했어야 했는데 부족했습니다.

이 모든 것에 책임을 지고자 저는 남양유업 회장직에서 물러나겠습니다. 자식에게도 경영권을 물려주지 않겠습니다. 최근 사태수습을 하느라 이러한 결심을 하는 데까지 늦어진 점 진심으로 죄송합니다.

저의 부족함으로 인해 소비자의 외면을 받아 어려움을 겪고 계신 남양의 대리점주분들과 묵묵히 맡은 바 역할에 최선을 다하고 있는 남양유업 임직원분들께도 실망과 심려를 끼쳐 드려서 정말 미안합니다.

모든 잘못은 저에게서 비롯되었으니 저의 사퇴를 계기로 지금까지 좋은 제품으로 국민의 사랑에 보답하려 묵묵히 노력해온 남양유업 가족들에 대한 싸늘한 시선은 거두어 주시길 간곡히 부탁드립니다.

살을 깎는 혁신을 통해 새로운 남양을 만들어갈 우리 직원들을 다시 한번 믿어주시고 성원해주시기 바랍니다.

(4) 위기대응 분석

사과문을 통해 남양유업이 위기를 어떻게 인식하고 대응했는지 4x20 모델로 재구성하면 다음과 같다.

대응기조	번호	전략옵션	내용
책임통감	1	사과표명	먼저 온 국민이 코로나로 힘든 시기에, 당사의 불가리스와 관련된 논란으로 실망하시고, 분노하셨을 모든 국민들과 현장에서 더욱 상처받고 어려운 날들을 보내고 계신 직원, 대리점주 및 낙농가 여러분들께 진심으로 사과 드립니다. 저의 부족함으로 인해 소비자의 외면을 받아 어려움을 겪고 계신 남양의 대리점주분들과 묵묵히 맡은 바 역할에 최선을 다하고 있는 남양유업 임직원분들께도 실망과 심려를 끼쳐 드려서 정말 미안합니다.
	2	보상조치	채택하지 않음
	3	정책수정	채택하지 않음
	4	재발방지	채택하지 않음
	5	이행방안	이 모든 것에 책임을 지고자 저는 남양유업 회장직에서 물러나겠습니다. 자식에게도 경영권을 물려주지 않겠습니다.

대응기조	번호	전략옵션	내용
책임조절	6	우려해소	채택하지 않음
	7	긍정의도	채택하지 않음
	8	동전양면	채택하지 않음
	9	불가항력	채택하지 않음
	10	관계없음	채택하지 않음
책임부인	11	단순부인	채택하지 않음
	12	책임지명	채택하지 않음
	13	공격대응	채택하지 않음
	14	피해위로	채택하지 않음
	15	희생전략	채택하지 않음
병행전략	16	진상확인	채택하지 않음
	17	약속천명	채택하지 않음
	18	침묵전략	채택하지 않음
	19	이슈환기	모든 잘못은 저에게서 비롯되었으니 저의 사퇴를 계기로 지금까지 좋은 제품으로 국민의 사랑에 보답하려 묵묵히 노력해온 남양유업 가족들에 대한 싸늘한 시선은 거두어 주시길 간곡히 부탁드립니다.
	20	국면전환	살을 깎는 혁신을 통해 새로운 남양을 만들어갈 우리 직원들을 다시 한번 믿어주시고 성원해주시기 바랍니다.

입장문 제목을 '사과문'으로 발표했다는 점에서 남양유업이 '책임통감' 전략으로 대응하고 있음을 알 수 있다. 또한 "모든 국민들과 현장에서 더욱 상처받고 어려운 날들을 보내고 계신 직원, 대리점주 및 낙농가 여러분들"로 특정함으로써, #1 사과표명 전략을 효과적으로 구사했다. 특히 "이 모든 것에 책임을 지고자 저는 남양유업 회장직에서 물러나겠습니다. 자식에게도 경영권을 물려주지 않겠습니다"라는 #5 이행조치를 발표함으로써 말로만 하는 사과가 아님을

강조했다. 이외에도 사건이 재확산되는 것을 막기 위한 #19 이슈환기 및 #20 국면전환 전략도 병행했다.

이러한 대응 전략을 통해 남양유업이 해당 사건을 심각한 법적 책임 사건으로 인식하고 대응하고 있음을 알 수 있다. 실제로 사건 발생 후 식약처는 남양유업을 식품표시광고법 위반 혐의로 행정처분 및 고발 조치했으며, 경찰은 같은 해 9월 초 '불가리스 사태'와 관련해 이광범 전 남양유업 대표 등 임직원 4명을 검찰에 송치했다. 10월에는 국세청도 남양유업 본사와 영업소 등을 대상으로 세무조사를 벌이는 등 국가 기관은 남양유업의 법적 책임을 가리기 위한 조사에 착수했다. 이 사건을 4x20 모델로 분류하면 다음과 같다.

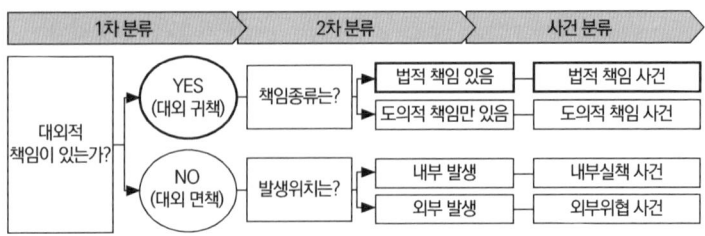

위기대응의 정석

도의적 책임 사건

(1) 사건명

댄스가수 유랑단 '공연준비 미흡' 논란

(2) 사건개요

2023년 7월, '댄스가수 유랑단'이 고려대 화정체육관에서 공연을 가졌다. 프로그램 출연자로는 김완선, 엄정화, 이효리, 보아, 화사가 참여했으며, 게스트로 비, 태민, 지코, 현아, 저스디스 등의 아티스트들이 출연했다. 하지만 공연이 끝난 후 온라인 커뮤니티에서는 준비 과정과 공연 진행이 미흡했다는 의견이 제기되었다.

공연은 예정된 시간보다 3시간이나 늦게 시작되었고, 공연 내내 음향과 조명 장비가 고장 나는 등 여러 가지 문제가 발생했다. 또한, 일부 관객들은 공연 중 탈진 증세를 보여 병원으로 이송되기도 했다. 곡간 대기 시간이 길었으며, 전체적인 공연이 돈을 지불하고 관람할 만큼 만족스럽지 않았다는 주장도 나왔다.

또한, 방송 녹화를 위한 게스트가 많이 출연하다 보니 예상보다 출연진의 무대 시간이 짧았다는 불만도 제기되었다. 공연 시작 후 화장실을 이용할 경우 재입장이 불가능하다는 내용도 있었다. 이에 공연을 관람한 관객들은 "공연 준비가 미흡했다", "공연이 너무 늦게 시작됐다", "음향과 조명이 좋지 않았다" 등과 같은 불만을 제기했으며, 일부 관객들은 환불을 요구할 필요가 있다고 주장했다.

(3) 입장문

다음은 '댄스가수 유랑단' 제작진이 사건발생 다음날 SNS를 통해 발표한 공식 입장문이다.

> 안녕하세요. '댄스가수 유랑단' 제작진입니다.
>
> 먼저, 일요일 저녁 소중한 시간에 '댄스가수 유랑단' in 서울 공연을 찾아주신 많은 팬분들께 감사드립니다. 더불어 당일 공연 관람 및 운영에 있어 불편을 드린 점에 대해 죄송한 말씀을 드립니다.
>
> 방송 녹화와 함께 진행된 콘서트 특성상 각 무대를 준비하는 과정에서 예상보다 준비 시간이 길어졌습니다. 심각한 폭우로 인해 당일 파이널 리허설 과정에서 정전이 발생했고, 이로 인해 무대 진행과정에서 특수효과 및 전자 장비 등에 예상치 못했던 오류가 다소 발생해 공연 종료 시간이 예정보다 늦어지게 되었습니다. 당일 공조나 에어컨 등 관객분들을 위한 편의 시설과 무대 준비 과정 및 진행이 미흡해 관객분들과 아티스트 분들에게 불편을 드린 점 진심으로 사과의 말씀을 드리며 깊은 양해 부탁드리겠습니다.

위기대응의 정석

이날 공연에 있어 세부적인 부분도 설명드리고자 합니다. 유랑단 멤버들과 제작진은 이번 서울 공연이 '댄스가수 유랑단'의 공식 마지막 무대인 만큼 기존 공연에서 보여주지 않았던 선곡과 무대, 그리고 '댄스가수 유랑단'만의 신곡을 보여드리기 위해 심혈을 기울여 준비하였습니다. 곡 선정부터 무대 연출까지 많은 논의 끝에 완성했고, 공연에는 오프닝 및 앙코르 제외 총 20개의 무대 중 게스트 분들의 무대 4개를 제외하고는 모두 유랑단의 이야기로 꾸몄습니다.

서울 공연에는 비, 태민, 지코, 현아, 슬기, 저스디스 님이 '댄스가수 유랑단' 멤버들과 함께하며 무대를 빛내주셨습니다. 특히 비, 태민, 지코 님은 대표곡 메들리로 각자 약 5~6분 내외의 솔로 무대를 꾸며 보다 풍성한 공연을 만들어 주었습니다. 덕분에 출연자분들의 의상 환복이나 무대 전환 시간 등을 알차게 채울 수 있었습니다.

공연 시작 후 화장실을 다녀오는 관객분들의 중간 퇴장은 없었으며, 화장실 이동 관객 중 티켓이 없던 분들은 안전요원 동반 하에 위치 확인 후 입장을 도와드렸습니다. 재입장 관객의 경우 입장 대기가 길어진 직후에는 대기 및 입장 타이밍을 늘렸고, 곡과 곡 사이 입장하실 수 있도록 유연하게 대응했습니다. 또한 공연 진행 중 응급 환자가 발생해 상주 중인 응급구조사가 신속하게 이송 치료를 진행하기도 하였습니다. 현장 협조에 도움 주신 관객분들께 다시금 감사 인사를 드립니다.

관람에 불편을 드린 팬분들에게 다시 한번 죄송한 마음을 전합니다. '댄스가수 유랑단'을 응원해 주시는 모든 분들과 서울 공연을 함께해 주신 분들께 감사드리며, 앞으로 더욱 사랑받을 수 있는 프로그램이 될 수 있도록 세심한 노력을 더하겠습니다.

(4) 위기대응 분석

사과문의 주요내용 분석을 통해 제작진이 위기를 어떻게 인식하고 대응했는지 살펴보자.

대응기조	번호	전략옵션	내용
책임통감	1	사과표명	당일 공연 관람 및 운영에 있어 불편을 드린 점에 대해 죄송한 말씀을 드립니다. 당일 공조나 에어컨 등 관객분들을 위한 편의 시설과 무대 준비 과정 및 진행이 미흡해 관객분들과 아티스트 분들에게 불편을 드린 점 진심으로 사과의 말씀을 드리며 깊은 양해 부탁드리겠습니다.
	2	보상조치	채택하지 않음
	3	정책수정	채택하지 않음
	4	재발방지	채택하지 않음
	5	이행방안	채택하지 않음
책임조절	6	우려해소	채택하지 않음
	7	긍정의도	유랑단 멤버들과 제작진은 이번 서울 공연이 '댄스가수 유랑단'의 공식 마지막 무대인 만큼 기존 공연에서 보여주지 않았던 선곡과 무대, 그리고 '댄스가수 유랑단'만의 신곡을 보여드리기 위해 심혈을 기울여 준비하였습니다.
	8	동전양면	채택하지 않음
	9	불가항력	심각한 폭우로 인해 당일 파이널 리허설 과정에서 정전이 발생했고, 이로 인해 무대 진행과정에서 특수효과 및 전자 장비 등에 예상치 못했던 오류가 다소 발생해 공연 종료 시간이 예정보다 늦어지게 되었습니다.
	10	관계없음	채택하지 않음
책임부인	11	단순부인	공연 시작 후 화장실을 다녀오는 관객분들의 중간 퇴장은 없었으며, 화장실 이동 관객 중 티켓이 없던 분들은 안전요원 동반 하에 위치 확인 후 입장을 도와드렸습니다.
	12	책임지명	채택하지 않음
	13	공격대응	채택하지 않음
	14	피해위로	채택하지 않음
	15	희생전략	채택하지 않음
병행전략	16	진상확인	채택하지 않음
	17	약속천명	앞으로 더욱 사랑받을 수 있는 프로그램이 될 수 있도록 세심한 노력을 더하겠습니다.
	18	침묵전략	채택하지 않음
	19	이슈환기	채택하지 않음
	20	국면전환	채택하지 않음

위기대응의 정석

입장문 서두에 #1 사과표명 전략을 채택하고 있다. 하지만 입장문의 대부분은 책임조절 전략인 #7 긍정의도, #9 불가항력에 할애하고 있으며, 사실이 아닌 루머(화장실 이용 시 중간퇴장)에 대해선 #11 단순부인같이 적극적인 책임부인 전략을 병행하고 있다. 이 같은 대응 전략을 고려할 때, 댄스가수 유랑단 제작진은 비록 도의적 책임은 인정할지언정 법적 책임은 인정하지 않고 있으며, 책임조절 전략을 중심으로 대응하고 있음을 알 수 있다. 따라서 티켓 환불 같은 보상 조치는 포함되지 않았다. 입장문 발표 후 본 이슈는 확산세를 멈추고 종결되었다. 이 사건을 4x20 모델로 분류하면 다음과 같다.

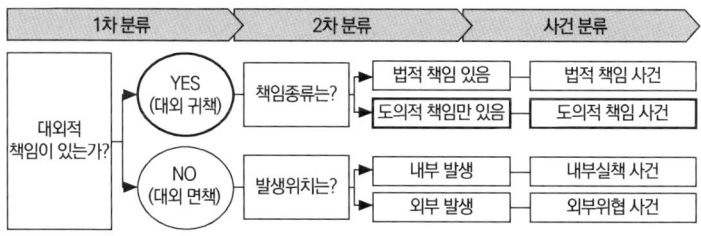

3

내부실책 사건

(1) 사건명

한진 택배기사 '과로사' 사건

(2) 사건개요

2020년 신종 코로나바이러스 감염증(코로나19) 사태로 택배업계 업무량이 대폭 늘어난 가운데, 9월 한진택배 소속 36살 택배기사가 자택에서 숨진 채 발견되었다. 택배노동자 과로사 대책위원회는 "36세의 젊은 나이로 평소 아무런 지병이 없었던 것으로 확인됐다"라며 "의문의 여지가 없는 명백한 과로사"라고 주장했다. 대책위에 따르면 김 씨는 숨지기 4일 전 동료에게 '집에 가면 5시인데 밥 먹고 씻고 바로 터미널 가면 한숨도 못 자고 또 물건 정리(분류작업)를 해야 한다. 너무 힘들다'라는 메시지를 보냈다.

대책위의 과로사 주장에 대해 당시 한진택배 측은 "김씨가 평소 지병이 있었고 배송량도 200개 내외로 적은 편이었다"라고 해명한 것으로 전해졌다. 그러나 사건 발생 한 달 후인 2020년 10월 20일, 한진은 소속 택배기사 사망에 사과하고 근로조건 개선을 약속하는 사과문을 발표했다.

(3) 입장문

다음은 당시 한진이 발표한 입장문이다.

택배기사 사망에 대한 ㈜한진 사과문

㈜한진은 한진택배 신정릉대리점 소속 택배기사님의 갑작스러운 사망에 깊은 책임을 통감하며 삼가 조의를 표합니다.

또한 사랑하는 가족을 잃은 유가족분들께도 진심으로 애도의 마음을 전하며, 국민 여러분께도 이번 일로 심려를 끼쳐 드린 데 대해 사과의 말씀 드립니다.

당사는 최근 코로나 사태로 택배물량 급증에 따른 택배기사분들의 업무 과중에 대한 문제점을 해결하기 위해 물량제한, 터미널 근무환경 개선 등 근로조건 개선에 최우선의 역점을 두고 적극적으로 실행하여 다시는 이와 같은 불행한 일이 발생하지 않도록 최선의 노력을 다하겠습니다.

그리고 조속한 시일 내에 택배기사분들의 과로방지를 위한 근본적인 개선책을 마련할 것이며, 택배기사님의 사망 원인에 대한 조사에도 적극 협조하고, 조사 결과에 따라 필요한 조치를 성심껏 취하도록 하겠습니다.

다시 한번, 유가족과 국민 여러분께 깊은 사과의 말씀을 드립니다.

(4) 위기대응 분석

입장문 분석을 통해 한진이 해당 위기를 어떻게 대응했는지 살펴보자.

대응기조	번호	전략옵션	내용
책임통감	1	사과표명	㈜한진은 한진택배 신정릉대리점 소속 택배기사님의 갑작스러운 사망에 깊은 책임을 통감하며 삼가 조의를 표합니다.
	2	보상조치	채택하지 않음
	3	정책수정	조속한 시일 내에 택배기사분들의 과로방지를 위한 근본적인 개선책을 마련할 것입니다.
	4	재발방지	당사는 최근 코로나 사태로 택배물량 급증에 따른 택배기사분들의 업무 과중에 대한 문제점을 해결하기 위해 물량제한, 터미널 근무환경 개선 등 근로조건 개선에 최우선의 역점을 두고 적극적으로 실행하겠습니다.
	5	이행방안	택배기사님의 사망 원인에 대한 조사에도 적극 협조하고, 조사 결과에 따라 필요한 조치를 성심껏 취하도록 하겠습니다.
책임조절	6	우려해소	채택하지 않음
	7	긍정의도	채택하지 않음
	8	동전양면	채택하지 않음
	9	불가항력	채택하지 않음
	10	관계없음	채택하지 않음
책임부인	11	단순부인	채택하지 않음
	12	책임지명	채택하지 않음
	13	공격대응	채택하지 않음
	14	피해위로	채택하지 않음
	15	희생전략	채택하지 않음
병행전략	16	진상확인	채택하지 않음
	17	약속천명	다시는 이와 같은 불행한 일이 발생하지 않도록 최선의 노력을 다하겠습니다.
	18	침묵전략	채택하지 않음
	19	이슈환기	채택하지 않음
	20	국면전환	채택하지 않음

코로나19로 택배 물량이 급증하는 상황에 대처하지 않아 소속 직원이 과로사한 경우이다. 이는 법적 책임 혹은 도의적 책임 사건으로 규정할 수 있으며, 실제로 귀책 사건에 준하여 대응하고 있다. 다만 이번 사건을 외부 환경 변화에 선제적으로 대응하지 못한 내부실책을 인정하고 개선하겠다는 내용에 초점을 맞춰 분석해 보자.

사건 초기에는 한진택배가 과로사를 인정하지 않는 입장을 취했지만, 뒤늦게 내부실책을 인정하고 전형적인 책임통감 기조로 대응했다. 이에 따라 보상 조치를 제외한 #1 사과표명, #3 정책수정, #4 재발방지, #5 이행방안 전략 등 책임통감 전략 옵션을 모두 활용했으며, 책임조절 전략 옵션은 제외했다.

한진이 책임통감 기조를 채택했으나, 별도 보상 조치가 없다는 점에서 해당 사건을 '법적 책임 사건'으로 규정하지 않은 것을 알 수 있다. 만약 법적 책임이 있다고 판단했다면, 사망한 택배기사에 대한 법적 보상이 있어야 하기 때문이다. 다행스러운 점은 택배기사 과로사 방지 대책의 일환으로 한진이 2020년 11월 1일부터 오후 10시 이후 심야 배송을 중단하고, 택배 분류 작업에 자동 분류기를 추가 도입하며, 분류 인력 천 명을 투입하는 등 택배기사의 업무 강도를 줄이기 위한 새로운 정책을 발표했다. 이 사건을 4x20 모델로 분류하면 다음과 같다.

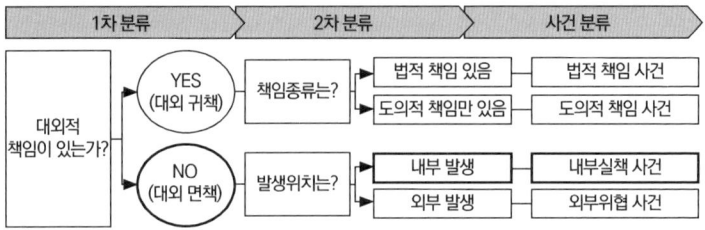

| 1차 분류 | 2차 분류 | 사건 분류 |

대외적
책임이 있는가?

YES
(대외 귀책)

책임종류는?

법적 책임 있음 → 법적 책임 사건

도의적 책임만 있음 → 도의적 책임 사건

NO
(대외 면책)

발생위치는?

내부 발생 → 내부실책 사건

외부 발생 → 외부위협 사건

위기대응의 정석

외부위협 사건

(1) 사건명

한국맥도날드 '고객정보 해킹유출' 사건

(2) 사건개요

2021년 6월, 맥도날드 한국 지점에서 해킹 공격으로 고객의 개인정보가 유출되었다. 유출된 정보는 한국 맥도날드 고객의 이메일, 전화번호, 주소 등으로 결제 정보와 비밀번호는 포함되지 않았다. 사실을 인지한 맥도날드는 시스템 보완 조치를 완료하고 해당 사실을 당국에 신고했다. 또한 고객들에게 개별적으로 안내하며, 침해 여부를 확인할 수 있는 사이트를 제공했다. 해커는 한국, 대만, 미국의 맥도날드 법인 시스템에 침투하였으며, 대만에서는 직원 정보가 유출되었다. 다만, 맥도날드는 정확한 고객 피해자 수를 공개하지 않았다. 맥도날드는 글로벌 차원에서 시스템의 취약점을 점검하고 재발 방지 조치를 완료했다고 공지했다.

(3) 입장문

한국맥도날드는 6월 13일 홈페이지를 통해 다음과 같은 입장문을 게재했다.

항상 한국맥도날드를 이용해주시는 고객 여러분께 안내 드립니다. 한국 맥도날드는 맥딜리버리 서비스(MDS)의 고객 중 일부의 개인정보(고객 이메일, 배달 주소, 연락처)가 포함된 파일에 불법적인 외부접근(관련법상 개인정보 유출의 한 유형)이 발생한 사실을 최근에 맥도날드 본사로부터 전달 받았습니다.

해당 파일은 상기 3개의 개인정보만을 포함하고 있으며, 결제정보와 비밀번호는 포함하고 있지 않습니다. 맥도날드는 글로벌 차원에서 불법적인 접근 사실을 인지한 즉시 2차 피해와 재발 방지를 위해 시스템의 취약점 점검과 보완조치를 완료했습니다.

본 사안으로 고객님께 심려를 끼쳐 드린 점 진심으로 사과드립니다.

한국맥도날드에서는 해당 사실을 공유 받은 후 당국에 신고를 완료했습니다.

관련 고객에게는 개별적으로 안내드릴 예정이며, 이른 시일 내에 침해 여부를 고객이 직접 확인할 수 있는 사이트를 제공할 계획입니다.

한국맥도날드는 전화나 이메일을 통해 절대 결제 정보를 요구하지 않습니다. 당사를 사칭한 결제 정보 요구, 또는 맥도날드 계정을 사칭한 피싱 이메일에 유의하실 것을 당부 드립니다. 의심되는 전화, 이메일 등을 받으시거나 기타 궁금하신 사항은 맥도날드 개인 정보 관련 전용 고객센터(080-130-1588, 수신자부담), 또는 한국맥도날드 홈페이지의 1:1 고객 문의를 통해 연락주시면 신속하게 대응하도록 하겠습니다.

더욱 안전하게 서비스를 이용하실 수 있도록 노력하는 한국맥도날드가 되겠습니다.

한국맥도날드 유한회사

(4) 위기대응 분석

입장문 분석을 통해 한국맥도날드가 이번 사건을 어떻게 인식하고 대응했는지 살펴보자.

대응기조	번호	전략옵션	내용
책임통감	1	사과표명	본 사안으로 고객님께 심려를 끼쳐 드린 점 진심으로 사과드립니다.
	2	보상조치	채택하지 않음
	3	정책수정	채택하지 않음
	4	재발방지	맥도날드는 글로벌 차원에서 불법적인 접근 사실을 인지한 즉시 2차 피해와 재발 방지를 위해 시스템의 취약점 점검과 보완조치를 완료했습니다.
	5	이행방안	관련 고객에게는 개별적으로 안내드릴 예정이며, 이른 시일 내에 침해 여부를 고객이 직접 확인할 수 있는 사이트를 제공할 계획입니다.
책임조절	6	우려해소	해당 파일은 상기 3개의 개인정보만을 포함하고 있으며, 결제정보와 비밀번호는 포함하고 있지 않습니다.
	7	긍정의도	채택하지 않음
	8	동전양면	채택하지 않음
	9	불가항력	채택하지 않음
	10	관계없음	채택하지 않음
책임부인	11	단순부인	채택하지 않음
	12	책임지명	한국 맥도날드는 맥딜리버리 서비스(MDS)의 고객 중 일부의 개인정보(고객 이메일, 배달 주소, 연락처)가 포함된 파일에 불법적인 외부접근(관련법상 개인정보 유출의 한 유형)이 발생한 사실을 최근에 맥도날드 본사로부터 전달 받았습니다.
	13	공격대응	한국맥도날드에서는 해당 사실을 공유 받은 후 당국에 신고를 완료했습니다.
	14	피해위로	채택하지 않음
	15	희생전략	채택하지 않음
병행전략	16	진상확인	채택하지 않음
	17	약속천명	더욱 안전하게 서비스를 이용하실 수 있도록 노력하는 한국맥도날드가 되겠습니다.
	18	침묵전략	채택하지 않음
	19	이슈환기	채택하지 않음
	20	국면전환	채택하지 않음

사건 자체만 보면 외부위협(외부 해킹에 의한 정보유출)에 해당된다. 따라서 한국맥도날드가 입장문에서 #12책임지명과 #13공격 대응 전략을 채택함으로써, 본 사건의 책임이 외부에 있는 외부위협 사건으로 규정하고 있음을 알 수 있다.

다만, 개인정보 유출이라는 사건의 민감성과 고객 정보를 제대로 보호하지 못한 도의적 책임을 고려, #1사과표명, #4재발방지, #5이행방안 전략을 함께 병행하고 있다. 또한 유출된 정보는 우려할 만한 수준이 아니라는 #6우려해소 전략을 통해 사건의 부정적 파급력을 최소화하고자 했다. 사건 자체는 외부위협이나 적극적인 대응조치와 귀책사건에 준하는 대응을 통해 위기가 기업의 책임론으로 확산되지 않도록 대응한 사례로 볼 수 있다. 이 사건을 4x20 모델로 분류하면 다음과 같다.

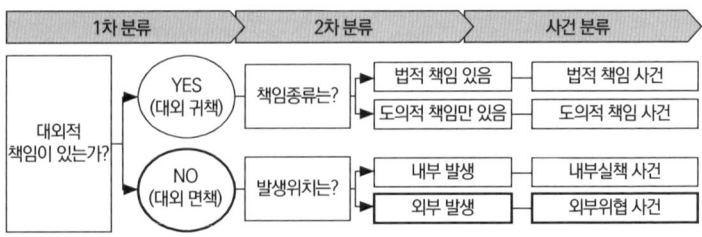

제5장

4x20 위기대응
전략시트

이번 장에서는 당신의 회사와 사업의 특성을 고려한 잠재 위기를 도출하고, 핵심 위기에 대비하기 위한 '4x20 전략시트' 작성 방법에 대해 살펴보자. 4x20 전략시트란 조직이 대비해야 할 잠재 위기 중 4x20 모델에서 제시한 4대 위기 상황(법적 책임, 도의적 책임, 내부 실책, 외부위협)별로 대표 사건을 뽑아 20개 전략으로 대응한 예시를 정리한 파일이다. 한 사건당 2~3페이지 정도면 충분하기에 전체 전략시트는 총 10페이지 정도 분량이다.

일반적으로 위기대응 매뉴얼은 최소 몇십 페이지에서 백 페이지를 넘어가는 경우가 흔하다. 필자의 경험상 실제 위기가 발생했을 때 위기대응 매뉴얼을 펼쳐보고 대응한 적은 결코 없다. 내용이 너무 많고 복잡하기 때문이다. 따라서 위기대응 매뉴얼은 서류로만 존재하고 실제 위기대응은 임기응변식으로 진행되기 마련이다.

따라서 4x20 전략시트는 누구나 쉽게 이해하고 활용할 수 있도록 분량을 대폭 감소했다. 무엇보다 실제 위기가 발생했을 경우 신속하게 기본적인 대응 전략을 도출하는 활용성에 초점을 맞췄다.

4x20 전략시트 작성 순서

구분	제목	개요
1단계	잠재위기 도출	우리 회사 특성을 고려한 잠재위기 도출
2단계	핵심위기 선택	4대 위기 상황별 대표사건 선택
3단계	4x20 전략 시트	핵심 위기별 4x20 전략 시트 작성
4단계	트레이닝 및 업데이트	정기적인 내부 트레이닝과 전략 시트 업데이트

당신은 4x20 전략시트에 위기사건 분류 기준, 위기대응 TF 조직도, 위기대응 보고 체계 등 더 많은 내용을 더 자세히 다룰 수 있을 것이다. 하지만 어떤 자료든 내용이 많고 복잡할수록 실전에서 활용될 가능성은 더욱 낮아진다.

필자의 경험상 위기를 개별 사건 자체보다 어떤 유형에 가까운 상황인지를 파악하고 이에 맞춰 대응하는 것이 핵심이다. 따라서 나머지 파트는 최소화하고 사건의 상황을 신속하고 정확하게 파악하는 역량에 초점을 맞춤으로써, 위기대응 실전 활용도를 높일 것을 추천한다.

잠재위기 도출

당신 회사의 잠재위기는 내부 구성원들이 가장 잘 알고 있다. 따라서 내부 잠재위기 목록을 도출하려면 내부 구성원 대상 리서치가 선행되어야 한다. 내부 리서치는 정성 인터뷰와 정량 서베이가 있다. 직원 규모가 작다면 가급적 정성 인터뷰를 통해 내부 구성원들이 어떤 상황을 잠재위기로 보고 있으며, 왜 그렇게 생각하는지 조금 더 깊은 질문을 할 수 있다.

그러나 직원 수가 100명 이상만 넘어가도 개별적인 정성 인터뷰는 한계가 있다. 따라서 권장하는 방식은 팀장급을 대상으로 정성 인터뷰를 먼저 진행하여 잠재위기 목록을 작성한 후, 전 직원 대상 정량 서베이로 개별 잠재위기에 대한 발생 가능성과 부정적 영향력에 대한 평가를 진행하는 것이다. 이러한 2단계 방식으로 잠재위기를 도출하고 평가한 사례를 살펴보자.

(1) 팀장 인터뷰

일반적으로 조직의 팀장급(매니저)은 해당 기업에서 경험치가 어느 정도 쌓여 있으며, 크고 작은 위기를 겪은 경험이 있을 것이다. 물론 기업마다 팀장급 연차, 경력, 직위 등의 수준은 차이가 있겠지만, 통상적으로 조직의 규모에 따라 팀장의 연차가 비례하기에 잠재위기 도출을 위한 정성 인터뷰 대상으로 대부분 적합하다. 인터뷰 방식은 1:1 인터뷰 혹은 그룹인터뷰로 구분된다. 당신 회사의 특성을 고려한 잠재 위기 후보군을 함께 고민해 본다는 의미에서 개인 인터뷰보다는 그룹인터뷰가 더욱 적절하다. 잠재 위기 도출을 위한 인터뷰 질의문은 다음과 같다.

인터뷰 질의문 예시

구분	내용
위기대응 경험	• 과거 직접 경험한 위기사건이 있었다면 무엇입니까? • 당시 위기사건에 어떻게 대응하셨습니까? • 위기대응 결과는 어떻게 되었습니까? • 당시 위기대응 활동을 어떻게 평가하십니까?
예상 잠재위기	• 지금 대비가 필요한 잠재위기가 있다면 무엇입니까? • 대비가 필요하다고 생각하시는 이유는 무엇입니까? • 예상하시는 잠재위기가 실제로 발생할 가능성은 어느 정도라고 보십니까? • 예상하시는 잠재위기가 실제로 발생할 경우, 파급력은 어느 정도라고 보십니까?
위기대응 역량	• 실제 위기가 발생할 경우, 보고체계는 어떻게 작동합니까? • 실제 위기가 발생할 경우, 위기대응 절차는 어떻게 진행됩니까? • 실제 위기가 발생할 경우, 위기대응 조직은 어떻게 가동됩니까? • 조직 위기대응 역량을 어떻게 평가하십니까?

팀장 인터뷰를 통해 수집된 잠재위기는 중복되거나 비슷한 유형을 묶고, 각 사건의 특성과 성격에 맞춰 몇 개 카테고리로 구분하여 정리한다. 아래는 필자가 제조업에 종사하는 팀장급 인력 60명과 그룹 인터뷰를 통해 추출한 '잠재위기 목록' 결과이다. 고객사 정보 보호를 위해 일부 내용은 편집하였다.

잠재 위기목록 예시 (제조업)

구분	잠재 위기	위기 설명
사건사고	1. 안전사고	공장 내 작업자 중상 또는 사망에 이를 수 있는 안전사고
	2. 환경사고	다양한 원인의 복합작용으로 공장 내 오염물질이 외부로 유출
	3. 화재사고	다양한 원인의 복합작용으로 인한 공장 내 화재발생
	4. 노후사고	노후화된 설비 · 배관 · 장비의 문제로 예상치 못한 조업 · 생산 차질 발생
	5. 시스템 에러	공장 내 자동화 시스템 에러(기계, 서버, 전력 등)로 예상치 못한 조업 · 생산 차질 발생
휴먼에러	6. 기술유출	내부 구성원의 일탈로 회사의 핵심기술이 경쟁사로 유출
	7. 정보분실	내부 구성원의 실수로 생산계획, 투자계획, 고객정보 등 사업정보가 담긴 파일이 외부로 유출 (예: 파일이 담긴 USB나 노트북 분실)
	8. 부정비리	내부 구성원의 개인적 일탈로 부정 · 비리 발생 (횡령, 리베이트, 비정상적 거래 등 금전적 부정 · 비리)
	9. 사외 갑질	내부 구성원들의 협력 · 하청업체 직원대상 갑질 이슈 발생 (부당한 업무지시, 압력, 폭행 등 사회적 눈높이를 벗어난 우월적 지위 남용)
	10. 사내 갑질	내부 구성원들 간의 갑질 이슈 발생 (부당한 업무지시, 압력, 폭행 등 사회적 눈높이를 벗어난 우월적 지위 남용)

위기대응의 정석

구분	잠재 위기	위기 설명
갈등위협	11. 노사분규	노사분규로 인한 갈등심화 혹은 물리적 충돌로 조업 · 생산에 차질 발생
	12. 외부해킹	외부의 해킹시도로 사내 전산망 마비
	13. 가짜뉴스	회사 평판을 손상시키려는 목적의 외부인(경쟁사 · 유튜버 등)의 사실과 다른 가짜뉴스 생산 및 유포
	14. 수급차질	다양한 원인의 복합작용으로 공급처의 납품기한 미준수로 조업 · 생산에 차질 발생
	15. 공급차질	다양한 원인의 복합작용으로 납품 미준수로 고객사로부터 대규모 배상사유 발생

각 기업별 사업 특성이나 주력 제품, 서비스에 따라 잠재위기가 매우 다르다. 따라서 잠재위기 목록을 획일적으로 적용하기보다는 팀장 인터뷰 과정에서 당신 회사 특성에 맞는 잠재위기 목록을 도출해야 한다.

(2) 내부 서베이

당신 회사에서 발생할 수 있는 잠재위기 목록이 준비되었다면 이제 내부 서베이를 통해 가장 핵심적인 사건을 추출할 단계이다. 내부 설문은 잠재위기별 '발생가능성'과 '파급력'을 측정한다. 5점 척도 또는 10점 척도로 측정하면 된다.

추후 통계 분석을 위해 소속 부서, 직급에 대한 문항을 추가할 수 있다. 그러나 이러한 문항이 어떤 구성원을 특정할 수 있는 수준이면(응답자 입장에서 자신의 신원이 공개된다고 느끼면) 설문에 응하지 않거나, 응하지 않더라도 정확하게 응답하지 않을 가능성이 높다. 따라서 당신 회사 직원 규모에 따라 응답자가 특정되지 않는 수준에서 통계 분류 문항을 추가해야 한다.

만약 직원 규모가 작고 직급 정보만으로 누군가를 특정할 수 있다면, 통계 분류를 위한 문항은 아예 하지 않는 것이 중요하다. 설문의 목적은 잠재위기에 대해 직원들의 생각을 정확히 파악하는 것이지, 누가 어떤 답변을 했는지 확인하는 것이 아니기 때문이다.

다음은 앞서 살펴본 15개 잠재위기에 대한 '내부 서베이 결과 예시'이다. 잠재위기 발생 가능성과 파급력을 각각 10점 척도로 측정했다. 고객사 정보 보호를 위해 해당 수치는 무작위로 재추출하였다.

내부 서베이 결과 예시 (10점 척도)

구분	잠재 위기	발생 가능성(a)	파급력(b)	위기점수(a)x(b)
사건사고	1. 안전사고	6.24	7.76	48.42
	2. 환경사고	4.47	9.31	41.62
	3. 화재사고	7.09	6.49	46.01
	4. 노후사고	8.83	2.54	22.43
	5. 시스템 에러	5.85	4.5	26.33

구분	잠재 위기	발생 가능성(a)	파급력(b)	위기점수(a)x(b)
휴먼에러	6. 기술유출	5.47	8.34	45.62
	7. 정보분실	8.29	4.06	33.66
	8. 부정비리	2.96	5.69	16.84
	9. 사외 갑질	9.77	2.49	24.33
	10. 사내 갑질	3.27	9.9	32.37
갈등위협	11. 노사분규	3.11	6.57	20.43
	12. 외부해킹	9.38	3.95	37.05
	13. 가짜뉴스	3.27	4.5	14.72
	14. 수급차질	3.64	7.16	26.06
	15. 공급차질	9.67	4.83	46.71

해당 기업의 구성원들은 잠재위기 발생 가능성보다 파급력을 더 크게 인식하고 있다. 또한 '휴먼 에러'와 '갈등 · 위협'보다 '사건 · 사고' 범주에 있는 잠재위기의 발생 가능성과 파급력을 상대적으로 더 높게 인식하고 있다. 위험 점수는 발생 가능성과 파급력을 곱하여 산출한다. 위기 점수는 최저 1점부터 최대 100점 사이에 존재하기 때문에, 잠재위기가 지닌 위험성을 정량적으로 비교할 수 있다.

핵심사건 선정

1단계가 모두 완료되었다면, 당신의 손에는 회사에서 발생 가능한 잠재위기 목록과 내부 구성원들이 생각하는 잠재위기의 발생 가능성과 파급력에 대한 설문 결과가 있을 것이다. 이제 설문 결과를 분석해서 4대 위기 상황별 대표 사건을 선정하면 된다.

4대 위기 상황으로 구분할 수 있는 사건들이 1순위부터 4순위에 골고루 퍼져 있는 경우도 있을 것이고, 특정한 위기 상황(예: 법적 책임 사건)에 해당되는 사건들이 1순위에 몰려 있거나 반대로 3순위나 4순위에 몰려 있는 경우도 있을 것이다. 어떤 경우든 상관없다. 4개 위기 상황별로 가장 위험 점수가 높은 사건을 선정하는 방법을 추천한다. 아래 표는 앞서 산출한 위험 점수(발생 가능성 x 파급력)를 4대 위기 상황으로 구분하여 정리한 것이다.

구분	잠재 위기	대외책임 有		대외책임 無	
		법적 책임	도의적 책임	내부실책	외부위협
사건사고	1. 안전사고	48.42			
	2. 환경사고	41.62			
	3. 화재사고	46.01			
	4. 노후사고		22.43		
	5. 시스템 에러		26.33		
휴먼에러	6. 기술유출			45.62	
	7. 정보분실			33.66	
	8. 부정비리			16.84	
	9. 사외 갑질		24.33		
	10. 사내 갑질		32.37		
갈등위협	11. 노사분규		20.43		
	12. 외부해킹				37.05
	13. 가짜뉴스				14.72
	14. 수급차질				26.06
	15. 공급차질	46.71			

내부 서베이를 통해 산출한 위험 점수를 기준으로 핵심 사건을 선택할 수도 있지만, 여러 가지 상황을 감안하여 다른 기준으로 핵심 사건을 선정할 수도 있다. 예를 들어, 법적 책임 사건에만 집중하고 싶다면, 위험 점수와 관계없이 법적 책임으로 분류된 사건을 모두 선정할 수 있을 것이다.

그러나 법적 책임 사건의 경우, 사건의 내용이 달라도 위기대응

기조와 전략이 대체로 유사하다. 따라서 가장 대표적인 사건에 대한 전략 시트만 잘 정리되어 있다면, 다양한 법적 책임 사건에 대해 충분히 응용이 가능하다. 바로 이 점이 '4x20 전략'의 최대 강점이다.

4x20 전략시트 작성

2단계까지 순조롭게 완료되었다면, 이제 본격적으로 전략 시트를 작성할 차례이다. 4x20 전략의 요지는 어떤 위기든 4가지 위기 유형으로 구분한 후 20가지 전략으로 대응한다는 것이다. 따라서 전략 시트의 큰 골격은 이미 잡혀 있는 상태이다. 1, 2단계를 거쳐 최종적으로 선택한 4개 핵심 위기별로 아래 전략 시트 구성 목록에 맞춰 해당 내용을 채워 넣으면 된다. 분량은 한 사건당 A4 기준으로 2~3 페이지 정도면 충분하다. 이 책의 부록에 4대 위기 상황별 전략 시트 예시를 추가해 두었으니 참고 바란다.

4x20 전략시트 구성목록

구분	항목	작성 가이드
사건개요	사건명	• 적절한 사건 명칭을 기술
	책임여부	• 대외적인 법적 책임수준 기술 • 대외적인 도의적 책임수준 기술
	위기상황	• 4대 위기상황 중 선택(법적 책임 · 도의적 책임 · 내부실책 · 외부위협)
	사건개요	• 6하 원칙으로 상세히 작성

구분	항목	작성 가이드
대응·전략	고려사항	• 사건관련 주요 고려사항 기술
	전략옵션	• 20개 전략옵션 선정(책임통감, 책임부인, 책임조절, 병행전략)
	대응조치	• 대응조치를 세분화하여 작성 (언론조치, 법적조치, 고객조치, 내부조치, 기타조치 등)
답변요지	사건요지	• 6하 원칙에 따라 지금까지 확인된 사실만 기술
	주요입장	• 채택한 전략옵션에 따라 입장문 형식으로 정리

트레이닝 및 업데이트

(1) 트레이닝

3단계까지 무사히 진행되었다면, 당신의 손에는 회사의 사업 특성이 반영된 전략 시트가 있을 것이다. 그러나 전략 시트는 말 그대로 서류에 불과하다. 반드시 트레이닝 세션을 통해 내재화 과정을 거쳐야만 실제 조직에 위기대응 역량을 내재화할 수 있다.

트레이닝은 모든 임직원이 받을 필요는 없다. 대부분의 회사에는 기본적인 내부 보고 체계가 있기 때문에 위기가 발생하면 팀장급에는 보고되기 마련이다. 위기 발생 시 초기 대응의 성패는 팀장에게 달려 있다. 따라서 위기대응 트레이닝은 기본적으로 팀장급을 대상으로 진행하는 것이 효과적이다. 또한 위기 사건의 심각성에 따라 임원급이 직접 위기대응 실무에 나서야 하는 경우도 있다. CEO에 대한 사법 리스크 같은 중대한 위기에는 법무, 재무, 홍보, 기술 등 다양한 분야의 임원이 TF를 구성하여 해결할 필요도 있다. 따라서 임원급 역시 기본적인 트레이닝 대상이다.

흔한 경우는 아니지만, 위기대응 조직을 TF가 아닌 전담 조직으로 상시 운영하는 기업도 있다. 국가로 치면 대통령실 안보실 같은 역할이다. 위기대응 전담팀을 운영할 경우 평상시에는 기업의 리스크 및 위기 상황에 대해 모니터링 업무를 진행한다. 특정 리스크가 점차 현실로 다가오거나 예기치 못한 위기가 발생하면 그 즉시 위기대응 실무로 전환한다. 위기 사건이 심각하여 임원급 이상으로 TF를 구성하게 될 경우, 위기대응 전담팀은 사무국 역할을 맡는다. 위기대응 전담팀은 회사의 위기대응 역량이 집결되는 부서이기에 전략 시트를 위해 선정한 4개 위기 시나리오를 포함하여 다양한 시나리오 기반의 심화 트레이닝이 적합하다.

(2) 전략시트 업데이트

기업이 성장하거나 고객, 시장, 사회 트렌드 변화에 따라 위기 사건 역시 진화한다. 예를 들어, 과거에는 관행이라는 이름으로 행해진 행위들이 이제는 직장 내 괴롭힘이나 성희롱으로 문제가 되는 경우가 매우 흔하다. 따라서 기업의 전략 시트도 최소한 연 1회 정기 업데이트를 통해 조직의 내부와 외부 변화에 따른 위기 사건 트렌드를 반영해야 한다.

정기적인 업데이트를 위해 팀장 인터뷰나 전사 서베이를 진행하는 과정에서 위기대응의 중요성을 조직 내부에 정기적으로 환기할 수 있다는 부가적인 효과도 있다. 그 과정에서 주변에 위기가 될 만한 요소는 없는지 점검할 수 있는 계기도 될 수 있기에 잠재적인 위기를 예방하는 효과도 있다. 따라서 전략 시트 업데이트는 정기적으로 진행하는 것이 바람직하다.

4x20
전략시트 샘플

법적 책임 사건

　공유주방을 운영하는 스타트업 기업의 지점 중 한 곳이 위생기준을 위반하여 영업정지 처분을 받는 상황을 가정하였다. 법 위반에 따라 위기가 발생했기에 법적 책임 사건으로 규정할 수 있다.

(1) 사건개요

항목	내용
사건명	• 위생기준 위반에 따른 영업정지 처분
책임여부	• 외부에 대한 법적 책임 수준: 매우 높음 • 외부에 대한 도의적 책임 수준: 매우 높음
위기상황 (1차판단)	• 법적 책임 사건
위기개요	• 발생 일시: ○○년 ○월 ○○일 ○○시 • 발생 지역: ○○ 지점 • 발생 현황 　- 자사 공유주방 ○○지점이 식약처 위생점검 결과, 기준 위반으로 영업정지 30일 처분을 받음 　- 주방 바닥과 선반에 음식 찌꺼기가 남아 있었고, 주방 후드에는 기름때와 먼지가 껴있는 등 조리장의 시설이 비위생적인 것으로 확인됨 　- 의무적으로 시행되어야 할 종업원 위생교육도 준수하지 않은 것으로 확인됨 　- 식약처는 이번 위생기준 위반이 자사의 공유주방 전체 지점에서 관행적으로 이루어지고 있는지 조사를 확대할 방침이라고 밝힘 　- 언론에서 이번 위생기준 위반이 공유주방 업계 관행이라는 오보를 게재함

(2) 대응전략

항목	내용
고려사항	• 이번 위생 위반은 ○○지점에서만 발생했지만, 고객들은 지점을 구분하지 않음 • 따라서, 조속히 책임을 통감하고 즉각적인 사과 표명과 함께 문제 해결에 최선을 다하는 조치 필요 • 그러나, 특정 지점의 문제를 전체 지점으로 확산하지 않도록 주의 필요
전략옵션	• 사과 표명: 소속 지점의 문제에 대해 사과 • 단순 부인: 해당 지점의 문제일 뿐 다른 지점과는 무관함 • 재발 방지: 재발 방지를 위한 조치 제시 • 약속 천명: 재발 방지 이행을 공개적으로 약속
대응조치	• 언론 조치: 사과문 발표, 오보 대응(위생 기준 위반은 공유주방 업계 관행이 아님) • 법적 조치: 악의적 오보 지속 시 법적 조치 경고 • 내부 조치: ○○지점장에 대한 인사 조치 검토, 전체 지점 위생 교육 강화

(3) 답변요지

항목	내용
사건요지	• ○○년 ○월 ○일, 당사 ○○지점이 식약처 위생기준 위반으로 30일 영업 정지 처분을 받았습니다. • 위생당국에 따르면, 해당 지점의 주방 바닥과 선반에 음식 찌꺼기가 남아 있었고, 주방 후드에는 기름때와 먼지가 끼어있는 등 조리장의 시설이 비위생적인 것으로 확인되었으며, 종업원 위생교육도 준수하지 않은 것으로 확인되었습니다. • 당사 자체 조사 결과, 해당 지점 역시 당국의 조사 결과를 인정하고 있습니다. • 다만, 해당 지점 외 다른 지점들은 당국의 위생기준을 위반한 사례가 없는 것으로 파악되었습니다.
주요입장	• 사과 표명: 불미스러운 일로 고객 여러분께 심려를 끼쳐 드린 점에 대해 먼저 사과드립니다. ○○지점의 위생 위반에 대해 본사 차원에서도 무거운 책임을 통감하고 있습니다. • 이행 조치: 당사는 내부 규정에 따라 해당 지점 관리자에 대해 직무 정지 및 대기 발령 등의 엄중 조치를 취했으며, 향후 위생 당국 조사 결과에 따라 추가 조치를 취할 예정입니다. • 우려 해소: 또한 해당 지점에서 사용하던 조리시설과 기구들을 전면 교체 중에 있으며, 외부 전문 기관과 정기적인 위생 점검 계약을 체결하였습니다. • 재발 방지: 같은 사건이 재발하지 않도록 전 지점의 위생 규정 및 전 직원 대상 위생 교육을 강화할 예정입니다. • 공개 약속: 다시는 고객의 안전과 건강을 위협하는 사태가 발생하지 않도록 만전을 기할 것을 약속드립니다.

도의적 책임 사건

  회사 서버에 보관 중인 고객 정보가 외부 해킹으로 유출된 상황을 가정했다. 실제로 빈번하게 발생하는 위기 사건이다. 만약 기업이 법적 요건을 충족하는 해킹 방어 시스템을 잘 갖추고 있었다면, 기업도 피해자인 셈이다. 그러나 고객 입장에서 생각해 보면 도의적 책임까지 면하기 어렵다. 따라서 기업도 선의의 피해를 입었더라도 위기 사건을 철저히 고객 관점에서 바라보고, 책임통감 전략으로 대응해야 한다.

  주의해야 할 것은 사건 초기에는 기업에 법적 책임이 없다고 판단했더라도, 사건에 대한 진상을 조사하는 과정에서 사소한 법 위반이 발견된다면 그 즉시 법적 책임 사건으로 재규정해야 한다. 다만, 이번 전략 시트는 도의적 책임 사건의 특징을 이해하는 데 도움이 되도록 기업에 법적 책임이 없다는 상황을 가정했다.

(1) 사건개요

항목	내용
사건명	• 외부해킹에 대한 고객정보 유출
책임여부	• 외부에 대한 법적 책임 수준: 없거나 낮음 • 외부에 대한 도의적 책임 수준: 매우 높음
위기상황 (1차판단)	• 도의적 책임 사건 (기업은 법적 책임이 없다고 가정)
위기개요	• 발생 일시: ○○년 ○월 ○○일 오전 10시 • 발생 지역: 온라인 • 발생 현황 　- 오늘 오전 10시경, 온라인상에 '○○기업 고객정보'라는 제목과 함께 이름, 주민등록번호, 주소가 명시된 고객 정보가 빠르게 유포됨 　- 회사 서버를 점검한 결과, 하루 전 외부 해킹으로 약 1만 건의 고객 정보가 유출된 사실을 확인함 　- 회사는 관계 법령에서 요구하는 수준으로 고객 정보 보호를 위한 해킹 예방 시스템을 갖추고 있었으나, 고도의 기술을 지닌 해커의 소행으로 고객 정보가 유출됨 　- 사건 관련 언론 보도가 시작되었으며, 고객 정보 보호 관리 책임 소홀을 강하게 질타하는 비판 여론이 확대되는 상황

(2) 대응전략

항목	내용
고려사항	• 외부 해킹에 의한 사건이지만, 고객들은 기업에 책임이 있다고 인식하는 상황 • 따라서, 조속히 책임을 통감하고 즉각적인 사과 표명과 함께 문제 해결에 최선을 다하는 조치 필요 • 또한, 유사 사건의 재발 방지책을 제시해야 고객 신뢰 유지 가능
전략옵션	• 사과 표명: 피해 고객에 대한 사과와 위로 • 공격 대응: 해킹 범죄자와 고객 정보 2차 유포자에 대한 법적 대응 • 보상 조치: 필요 시, 피해 고객에 대한 보상안 제시 • 재발 방지: 재발 방지를 위한 조치 제시 • 약속 천명: 재발 방지 이행을 공개적으로 약속

대응조치	• 언론 조치: 보도자료 배포, 사과 기자회견, 필요 시 사과문 게시(기업 보유 채널 및 주요 언론) • 법적 조치: 해킹 범죄자와 유포자에 대한 법적 조치 수행 • 고객 조치: 피해 고객 간담회 개최, 고객 대상 레터 발송(고객 정보보호 강 화 약속) • 내부 조치: 내부 고객 정보 보호 정책 및 시스템 개선

(3) 답변요지

항목	내용
사건요지	• ○○년 ○월 ○일 오전 10시, 온라인에 이름, 주민등록번호, 주소가 명시 된 당사 고객 정보가 빠르게 유포되고 있습니다. • 당사 자체 조사 결과, 하루 전 당사 서버에 보관 중인 고객 정보가 해킹을 당해 온라인에 유포된 것으로 확인되었습니다. • 사건 개요를 파악한 오늘 오후 2시, 당사는 서울지방경찰청 사이버수사대 에 이 사건을 신고하였고, 현재 수사가 진행 중입니다.
주요입장	• 사과 표명: 이번 사건으로 피해를 입으신 고객분들께 사과드립니다. 당사 는 평소 고객 정보 보호를 위해 관계 법령에서 요구하는 해킹 방어 시스템 을 구축하고 법적 가이드라인과 엄격한 내부 규정을 철저히 이행해 왔습 니다. 그러나, 오늘 새벽 신원을 알 수 없는 외부인이 고객 정보가 저장된 당사 서버를 불법적으로 해킹한 사실을 조금 전 확인했습니다. • 유출된 고객 정보는 총 1만 건으로, 지금까지 확인된 유출 정보는 이름, 주 민등록번호, 주소 3가지로 이외 유출된 정보는 없는 것으로 확인되었습니 다. 비록 당사의 해킹 방어 시스템이 법적 요건을 갖추고 있었으나, 결과적 으로 당사도 최선을 다해 예방하지 못한 책임이 있습니다. • 이행방안: 당사는 피해를 입으신 모든 고객들에 대한 책임감을 무겁게 인 식하고 있으며, 경찰 당국과 긴밀한 협의를 통해 조속한 문제 해결에 최선 을 다하겠습니다. • 공격 대응: 본 사건은 현재 서울지방경찰청 사이버수사대에서 수사 중입니 다. 불법적인 해킹은 물론, 타인의 개인정보를 유포하는 행위는 국내법에 저촉됩니다. 타인의 개인정보 유포로 불이익을 받지 않도록 주의해 주시기 바랍니다. • 재발 방지: 이번 사건을 계기로, 당사의 고객 정보 보호 시스템을 재점검하 고, 정보 보호를 위한 조치를 더욱 강화하겠습니다. 보호 시스템을 재점검 하고, 정보 보호를 위한 조치를 더욱 강화토록 하겠습니다.

내부실책 사건

휴대용 배터리를 생산하는 기업의 부품창고에 원인을 알 수 없는 화재가 발생하여 판매를 위해 보관 중인 재고 상품이 전소되는 상황을 가정했다. 화재로 인한 내부 피해만 있기 때문에 대외적으로는 법적 혹은 도의적 책임이 없는 면책사건이다. 그렇다고 누군가 방화를 한 것은 아니기 때문에 외부위협도 아니다. 사건 초기라 정확한 화재의 원인을 알 수 없지만 방화 범죄는 아니기 때문에 시설 노후화에 의한 전기 합선 같은 요인일 가능성이 크다. 다소 불가항력적인 요인이 있지만 재무적 피해가 심각하고 평소 화재 예방 의무를 철저하게 하지 못한 내부실책 사건으로 규정하고 대응해야 한다.

(1) 사건개요

항목	내용
사건명	• 창고 화재로 상품재고 전소
책임여부	• 외부에 대한 법적 책임 수준 : 없음 • 외부에 대한 도의적 책임 수준 : 없음

항목	내용
위기상황 (1차판단)	• 내부실책
위기개요	• 발생 일시 : ○○년 ○월 ○○일 오전 3시 • 발생 지역 : 당사 창고 • 발생 현황 - 오늘 새벽 3시경, 당사 ○○창고 건물에 화재가 발생하여 창고에 보관 중이던 상품 재고가 모두 전소 - 정확한 화재 원인은 확인 중이나, CCTV 확인 결과 방화 범죄는 아닌 것으로 확인 - 화재는 근무자가 없는 새벽 시간에 발생하여 다행히 인명 피해는 없었으나, 화재로 인한 피해 규모가 20억 원에 이를 것으로 추정 - 다른 창고에 보관 중이던 재고로 상품 공급에는 문제가 없지만, 화재로 인한 재무적 피해는 불가피한 상황

(2) 대응전략

항목	내용
고려사항	• 정확한 화재 원인은 조사 중이나, 특정인에 의한 방화범죄가 아닌 이상 시설 노후화에 의한 화재일 가능성이 큼 • 이번 화재는 예측 불가하고, 불가항력적인 요소가 있으며, 평소 창고 관리자들이 화재 예방을 위한 매뉴얼을 준수함 • 그러나 결과적으로 화재 예방에 실패하여 적지 않은 재무적 피해가 발생함 • 화재 사건이 회사에 미칠 영향에 대한 내부 구성원들의 불안과 심리적 동요도 있음
전략옵션	• 사과 표명: 도의적 차원의 내부 사과 • 불가항력: 평소 매뉴얼을 준수했으나 원인 미상의 재해 발생 • 우려 해소: 정상적인 회사 운영에는 지장 없음 • 정책 수정: 기존 방재 시스템을 전면 수정
대응조치	• (고객조치) 주요 고객사에 '정상적인 제품 납품에 문제없음' 공지 • (내부조치) 재발방지 약속사항 즉시 이행

위기대응의 정석

(3) 답변요지 (내부 구성원 대상)

항목	내용
사건요지	• ○○년 ○월 ○일 새벽 3시, 당사 ○○창고에 화재가 발생하여 보관 중인 상품 재고 약 ○○개가 전소되었습니다. • 아직까지 정확한 화재 원인은 규명되지 않았으나, CCTV 확인 결과 특정인에 의한 방화 등 범죄는 아닌 것으로 확인되었습니다. • 이에 따라, 당사는 전기 합선 같은 요인으로 화재가 발생한 것으로 추정하고 있습니다. • 현재 소방당국에서 화재 원인을 규명하기 위해 조사 중입니다.
주요입장	• 사과 표명: 이번 화재를 예방하지 못한 점에 대해 사과드립니다. 화재 원인에 대해 소방당국이 조사 중이나, 당사는 일부 시설 노후화에 따른 전기 합선 등으로 추정하고 있습니다. • 불가항력: 담당 부서는 평소 화재 예방을 위해 관계 법령에서 요구하는 방재 시스템을 구축하고 법적 가이드라인과 엄격한 내부 규정을 철저히 이행해 왔습니다. 그러나 오늘 새벽 원인 미상의 화재가 발생하였습니다. • 다행히도 화재로 인한 인명 피해는 없는 것으로 확인되었으나, 지금까지 확인된 피해 규모는 약 20억 원으로 추정하고 있습니다. • 우려 해소: 이번 화재 사고로 인한 당사의 재무적 손실이 적지 않으나 현재 거래처에 대한 납품은 정상적으로 진행되고 있으며, 모든 기업 활동 역시 정상적으로 가동되고 있습니다. • 정책 수정: 비록 이번 화재가 예측하기 어려운 사정이 있었으나, 기존의 방재 시스템으로 이를 예방하지 못한 점을 고려하여 당사의 방재 시스템 및 관리 정책을 재점검하고 재해 예방을 위한 조치를 더욱 강화토록 하겠습니다.

외부위협 사건

　자신이 구매한 자동차의 CS(Customer Service)에 불만을 느낀 유명 유튜버가 자신의 채널에 차량을 불태우며 불매운동을 벌이는 상황을 가정했다. 이 상황은 실제로 국내에서 유사한 사건이 발생한 적이 있다. 당시 차주는 차량 결함에 따른 신차 교환 요구가 거절당하자, 해당 차량을 구매한 대리점 앞에서 골프채로 구매한 차량을 박살내는 퍼포먼스를 벌였다. 이 퍼포먼스는 동영상으로 촬영되어 국내는 물론 해외 언론까지 보도되었다. 당시 자동차 회사는 차량에는 기술적 결함이 전혀 없었다고 주장한 바 있다. 이번 전략 시트 예시도 차량 결함은 없다고 가정했다.

(1) 사건개요

항목	내용
사건명	• CS불만 유튜버의 차량 화형식 생중계
책임여부	• 외부에 대한 법적 책임 수준: 없음 • 외부에 대한 도의적 책임 수준: 없거나 매우 낮음

항목	내용
위기상황 (1차판단)	• 외부위협
위기개요	• 발생 일시: ○○년 ○ 월 ○○일 오전 11시 • 발생 지역: ○○지역 공터 • 발생 현황 - 1개월 전 당사의 자동차(모델○○○)를 구매한 유명 유튜버 A가 차량 결함을 제기하며, 새로운 차량으로 교환을 요구 - 자사 서비스센터의 정밀 검사 결과, 차량 결함이나 기술적 문제는 발견되지 않아, 검사 결과를 유튜버 A에게 설명하고 차량을 반송 - (이후 동일한 요구가 반복되자) 외부 전문기관에 정밀 검사를 의뢰한 결과, 차량에 이상이 없다는 결과 확인 - 그러나 유튜버 A는 차량 결함을 지속적으로 제기하며, 환불 및 정신적 피해에 대한 위자료까지 요구 - 자사 서비스센터에서 환불 규정에 따라 거부하자, 유튜버 A는 집 근처 공터에서 차량을 불태우며 불매운동을 유도하는 퍼포먼스를 자신의 유튜브 채널로 생중계함 - 이 동영상은 '○○○ 화형식'이라는 제목으로 온라인에서 급속히 확산

(2) 대응전략

항목	내용
고려사항	• 제품 결함이나 기술적 문제가 아닌 이상, 기업의 법적 책임은 없는 전형적인 외부위협 유형의 사건 • 그러나 사건의 선정성(제품 화형식)으로 인해, 기업과 제품 이미지 훼손은 일정 부분 감수해야 하는 상황 • 공격자의 의도(기업에 대한 여론의 부정적 인식 생성)가 분명한 만큼, 불필요한 오해나 왜곡이 증폭되지 않도록 사실관계에 기초한 신속한 커뮤니케이션 대응 필요 • 필요한 경우, 제3자 검증 조치를 통해 제품 결함에 대한 우려를 최소화 • 고객이 무리한 요구(정신적 피해 보상 위자료)를 할 경우, 원칙에 기반을 둔 대응이 필요 • 그러나 고객이 스스로 손실을 감수하는 상황(제품 손괴)까지 이르게 된 과정에 대한 면밀한 원인 조사 필요
전략옵션	• 단순 부인: 공격자의 비난은 사실이 아님 • 공격 대응: 위법 행위가 있을 경우, 법적 대응 • 희생 전략: 악의적인 행위로 기업 명예훼손 • 국면 전환: 긍정적인 뉴스 활성화로 국면 전환

항목	내용
대응조치	• 언론 조치: 보도자료 배포, 필요 시 비공식적인 언론 미팅 및 브리핑, 취재 지원(차량 검사 결과 공개, 블랙 컨슈머에 의한 기업 피해 사례 보도) • 법적 조치: 공격자 행위가 위법한 경우 법적 조치, 동영상 유포자에 대한 경고 또는 법적 조치, 필요 시 동영상 유포 금지 가처분 신청 • 고객 조치: 동일 제품 구매 고객 대상 안심 레터 발송(유튜버 A가 주장하는 차량 결함은 없음) • 내부 조치: 사건 확대 경위 조사, 조사 결과에 따라 재발 방지를 위한 고객 응대 개선 방안 검토

(3) 답변요지

항목	내용
사건요지	• ○○년 ○월 ○일 오전 11시, 자사의 차량을 구매한 유튜버 A가 ○○시 ○○동에 소재한 공터에서 차량에 의도적으로 불을 붙여 손괴하였고, 이를 유튜브로 생중계하였습니다. • 사건의 진행 경과는 다음과 같습니다. A는 지난 ○월 ○일 자사 차량(모델 XX)을 구매한 후 약 한 달이 지난 ○월 ○일에 차량 자동 주차 기능에 결함이 있다는 문제 제기를 하였고, 자사는 ○○서비스센터에서 해당 제품에 대한 정밀 검사를 진행하였습니다. • 정밀 검사 결과, 어떠한 제품 결함이나 기술적 문제가 발견되지 않아, ○월 ○일 A에게 전달하였습니다. • 이후, A는 동일한 문제를 제기하며 환불과 정신적 피해 보상을 위한 위자료를 요구하였고, 이에 당사는 외부 전문 기관에 의뢰하여 정밀 검사를 시행한 결과, A가 주장하는 차량의 기술적 문제는 전혀 발견되지 않았습니다. • 이에 국내법과 내부 규정을 면밀히 살핀 결과, ○월 ○일 A에게 환불 및 위자료 보상은 어렵다는 답변을 드렸습니다.
주요입장	• 단순 부인: A가 주장하는 자동 주차 문제는 제품 결함이나 다른 기술적 문제와 전혀 관련이 없습니다. 이 결과는 당사뿐만 아니라 외부 전문기관에서도 동일하게 판단하였습니다. 또한 지금까지 A가 구매한 동일한 제품 모델에서 자동 주차 문제가 발생한 적은 없습니다. • 관계없음: 따라서, A가 제기한 문제는 국내법에서 규정한 환불 규정의 조건을 충족하지 못합니다. • 희생 전략: 그럼에도 불구하고, A가 당사 이미지를 훼손하는 동영상을 생중계하고 유포한 행동에 대해 강한 유감을 표명합니다. • 이행 조치: 당사는 고객이 불편함을 느끼는 문제 해결을 위해 최선의 조치를 수행해 왔으며, 앞으로도 그럴 것입니다. • 공격 대응: 그러나 사실과 다른 악의적인 행동에 대해서는 선량한 고객과 내부 구성원들을 보호하기 위해 정당한 권리를 행사할 것입니다.

마치며

이 책은 기업의 위기관리와 대응 전략을 체계적으로 분석하고, 실제 사례를 통해 실용적인 교훈을 전달하고자 하는 교육적 목적으로 저술되었다. 다양한 위기 상황과 그에 대한 대응 방식을 '4x20 위기 대응 전략'의 프레임워크를 통해 분석함으로써, 독자들이 효과적인 위기관리 전략을 이해하고 실무에 적용할 수 있도록 돕고자 한다.

본서에서 다루는 사례들은 모두 공개된 사실에 기반하고 있으며, 공정하고 객관적인 시각에서 작성되었다. 특정 기업이나 개인의 명예를 훼손하려는 의도는 전혀 없으며, 오로지 위기관리의 중요성을 강조하고 기업의 사회적 책임을 제고하고자 하는 공익적 관점에서 기술되었다.

사례 분석은 해당 사건 당시 공개된 정보를 바탕으로 이루어졌으며, 시간이 지남에 따라 새로운 사실이 밝혀지거나 상황이 변화했을 가능성이 있다. 따라서 독자들은 각 사례를 절대적인 평가나 판단의 기준으로 삼기보다는, 위기 상황에서의 대응 방식과 그 결과를 학습하는 참고 자료로 활용해 주기 바란다.

이 책을 통해 기업과 조직들이 더욱 효과적으로 위기를 관리하고, 사회적 책임을 다할 수 있는 역량을 키우는 데 도움이 되기를 희망한다. 아울러 독자들이 이 책에서 제시하는 '4x20 위기대응 전략'을 통해 실질적인 위기관리 능력을 향상시키고, 예측 불가능한 상황에서도 흔들리지 않는 조직을 만들어 가는 데 유익한 정보를 얻을 수 있기를 바란다.

반응하지 말고 대응하라

위기대응의 정석

초판인쇄 2024년 8월 30일
초판발행 2024년 8월 30일

지은이 최승호
펴낸이 채종준
펴낸곳 한국학술정보(주)
주 소 경기도 파주시 회동길 230(문발동)
전 화 031-908-3181(대표)
팩 스 031-908-3189
홈페이지 http://ebook.kstudy.com
E-mail 출판사업부 publish@kstudy.com
등 록 제일산-115호(2000. 6. 19)

ISBN   979-11-7217-500-9 13320

이담북스는 한국학술정보(주)의 학술/학습도서 출판 브랜드입니다.
이 시대 꼭 필요한 것만 담아 독자와 함께 공유한다는 의미를 나타냈습니다.
다양한 분야 전문가의 지식과 경험을 고스란히 전해 배움의 즐거움을 선물하는 책을 만들고자 합니다.